Mallorca

Vertreibung aus dem Paradies

Der etwas andere Reiseführer

Danke für die freundliche Unterstützung:
Die Genusswelten S.L.
www.die-genusswelten.com

Dieser Titel ist auch als eBook erschienen

Mallorca – Vertreibung aus dem Paradies
Der etwas andere Reiseführer
Holger Lüttgen

Einbandgestaltung:
Holger Lüttgen

Herstellung und Verlag:
BoD – Books on Demand, Norderstedt
ISBN 978-3-7322-3311-3

Holger Lüttgen

Mallorca
Vertreibung aus dem Paradies
Der etwas andere Reiseführer

// ¡Muchas gracias!

Mein Dank gilt vor allem drei lieben Menschen, die in unterschiedlichster Form zum Gelingen dieses Buches beigetragen haben.

Geli,
die mir immer wieder Mut gemacht hat, meine Kurzgeschichten zu veröffentlichen

sowie

Inge und Gert,
die so freundlich waren, das Lektorat zu übernehmen. Rechtschreibung (hier habe ich mich durchgesetzt; es gilt die Uralt-Regel), fehlende oder falsch gesetzte Interpunktion wurden ebenso zur Korrektur gebracht wie des Deutschen liebste Fehlerquelle – der Dativ.

Der Autor

Holger Lüttgen, 1963 in Duisburg geboren, hat nach seinem Architekturstudium im In- und Ausland gearbeitet und sich Ende der 90er Jahre selbständig gemacht. Die schönste Insel der Welt, Mallorca, hat er über Jahre intensiv kennen und lieben gelernt, was zum Ende der ersten Dekade dieses Jahrhunderts dazu geführt hat, daß er seinen Zweitwohnsitz in diese Idylle verlegt hat. Hier fand er die Ideen und Inspiration für dieses Buch sowie für sein Unternehmen *Die Genusswelten S.L.*, mit Sitz in Palma, welches außergewöhnliche Genuss-Reisen und -Events nach Mallorca, Andalusien, in das Baskenland sowie nach Südafrika anbietet.

Inhaltsverzeichnis

Anmerkungen

Sollte der eine oder andere Leser sich in der einen oder anderen Geschichte meinen wiederzuerkennen, so freut es mich, spiegelt es doch den Wahrheitsgehalt meiner Darstellung wieder. Natürlich verweise ich an dieser Stelle darauf, wie es in solchen Fällen üblich ist, daß Ähnlichkeiten mit auf der Insel lebenden Personen oder solchen, die auf der Insel gelebt haben, natürlich rein zufälliger Natur sind. Es liegt einfach an der Gabe des Autoren, sich tief in das Seelenleben der Inselbevölkerung einzufühlen.

Ob diese Geschichten wahr oder einfach nur eine unterhaltsame Randnotiz sind, werden wir möglicher-weise nie erfahren, aber entscheiden Sie selber.

Für alle, die sich wundern, warum ich in einigen Geschichten Sie, meine lieben Leserinnen und Leser, duze, so liegt das daran, daß ich diese Gewohnheit von der Insel übernommen habe. Darüber hinaus paßt es mitunter besser zum jeweiligen Inhalt und dient der lockeren Ansprache.

Liebe Mallorquiner, die Ihr vielleicht diese Zeilen zu lesen bekommt, bitte nicht alles zu ernst nehmen. Kulturell bedingte Streitigkeiten auf Grund von Übersetzungsfehlern soll es ja schon gegeben haben. Wobei hier weniger die Kultur als vielmehr die Übersetzung das Faß zum Überlaufen gebracht hat, die die Ironie und das Lächeln des Autors nicht zum Ausdruck brachten. In der deutschen Originalfassung sollen diese zwischen den deutschen Zeilen zu finden gewesen sein.

Kurze Anmerkung zu diesem kleinen Exkurs; ich beziehe mich auf den Sprachenstreit zwischen Air Berlin und der lokalen Regierung aus dem Sommer 2008, der über Wochen die Inselmedien beschäftigte und sogar beim großen Fußball-Club Barcelona dazu führte, daß besagte Airline boykottiert wurde.

Zum Schluß auch noch ein Hinweis hinsichtlich der Tips im Anhang des Buches. In Zeiten der Krise gibt es innerhalb der Insel-Gastronomie schon mal etwas häufiger eine Veränderung, auf die ich hiermit rein vorsorglich hinweisen möchte. Diese kann dazu führen, daß sich mit einem neuen Inhaber nicht nur die Küche, sondern auch die Qualität zum Nachteil ändert.

Die aufgeführten Restaurants und Bodegas sowie deren Inhaber (Stand Drucklegung) kenne ich persönlich. Daher haben sie meine Erwähnung gefunden.

Es hat mir viel Spaß und Freude bereitet, das Buch zu schreiben. Auch meine Testleser, zwischen 11 und 77 Jahren, hatten Ihre Unterhaltung, stellenweise wohl auch ein Schmunzeln im Gesicht, zumindest haben sie es mir gesagt. Vielleicht ergeht es Ihnen ebenso.

Ich wünsche Ihnen viel Spaß und gute Unterhaltung beim Lesen sowie viel Genuss beim Kennenlernen der Empfehlungen.

Ihr Holger Lüttgen

Prolog

Die Ideen zu den Geschichten kamen mir in der Zeit, als ich zum ersten Mal für längere Zeit auf Mallorca gelebt habe und später zwischen der Insel und Köln gependelt bin. Als Newcomer und temporärem Residenten sind mir viele Dinge aufgefallen, die im Laufe der Zeit zur Gewohnheit, zum Alltäglichen werden und somit nicht mehr als besonders oder anders wahrgenommen werden.

Egal, ob Sie Resident, Insel-Wiederholungs-Besucher oder erstmalig auf Mallorca sind oder sein werden, Ihnen werden die Geschichte (hoffentlich) gefallen und möglicherweise auch aus eigener Erfahrung, Erlebtem bekannt vorkommen.

Lesen Sie diese witzigen, teilweise nachdenklich ironischen und mitunter skurrilen Geschichten und tauchen Sie ein in die mallorquinische Welt aus der Sicht eines Kölners.

Wenn Ihnen das Buch gefallen hat, verschenken oder empfehlen Sie es doch weiter und machen damit auch anderen Menschen eine Freude – mir natürlich auch.

Das kommt mir spanisch vor

Vieles kam mir tatsächlich spanisch vor, als ich erstmals auf der Insel gelebt habe. Das einem in Spanien etwas spanisch vorkommt, ist nicht anders zu vermuten, dennoch ist in meinem Fall eher unsere deutsche Redewendung gemeint.

Es sind diese wunderbaren Unterschiede, die mir aufgefallen sind, als alles noch neu und anders war. Das was mir und Ihnen vielleicht spanisch vorkommt, sind doch häufig auch Gründe aus denen wir gerne in Spanien oder auf Mallorca sind; zumindest ist das bei mir so.

Mittlerweile kommt mir immer weniger spanisch vor, dafür aber typisch spanisch. Wäre ich Engländer käme mir das spanisch griechisch vor und wäre doch typisch spanisch.

Sollten Sie auf Wortspielereien stehe, lesen Sie gerne weiter. Im anderen Fall blättern Sie zum nächsten Kapitel; dort geht es dann ans Eingemachte.

Die Redewendung „Das kommt mir spanisch vor" gibt es in vielen Sprachen; hier kommt es einem dann chinesisch oder griechisch vor. Gemeint sind unisono Dinge oder Ereignisse, die einem unverständlich oder befremdlich vorkommen.

Wikipedia schreibt hierzu u.a.: „Das spanische Gegenstück zu dieser Redewendung lautet »esto me suena a chino« – „das kommt mir chinesisch vor", was aber seltener gebraucht wird als die deutsche Version. Zu finden ist auch die Variante »es como si me hablaran en chino«.

Auf Englisch lautet der Spruch „That's Greek to me" – „das kommt mir griechisch vor". Die englische Version stammt aus dem Mittelalter und wurde von William Shakespeare in The Tragedy of Julius Caesar verwendet. Der englische Spruch entstand vermutlich aus einer direkten Übersetzung des lateinischen Spruchs „Graecum est, non legitur" – „es ist Griechisch, des-wegen ist es unlesbar". Diese Redewendung wurde im Mittelalter von Mönchen benutzt, als unter ihnen Griechischkenntnisse kaum mehr vorhanden waren.

In mittelhochdeutscher Sprache findet man einen literarischen Beleg in Hartmann von Aues Versepos „Gregorius" (Ende des 12. Jhs.). Dort blockt der Abt, von dem der junge Gregorius zum Mönch erzogen wird, dessen lebhaft vorgetragenen Wunsch nach Rittertum mit den

Worten ab: „ich vernaeme kriechisch als wol" (= „ich verstehe dich nicht, du könntest ebenso gut griechisch zu mir sprechen")."

Gepäckband ohne Koffer

Nicht immer, aber doch in einer gewissen Regelmäßigkeit passiert es. So bin ich auch nicht verwundert oder irritiert, als das Gepäck des Germanwings-Flugs aus Köln nicht am angekündigten Band ankommt.

Auf dem Bildschirm wird ein anderes Band angegeben als an der direkten Anzeigetafel oberhalb des Gepäckbandes. Das ist für mich schon lange kein Grund mehr zum Fluchen; nach den Gründen für diese Fehlinformation habe ich aufgehört zu fragen. Möglicherweise kommen die Kofferträger aus einem Land, in dem es keine Schulpflicht gibt, wodurch Sie Analphabeten geblieben sind und nur grob einzuschätzen wissen, in welchem Bereich, auf welches Band die Koffer zu legen sind.

Dieses Mal ist es jedoch noch viel spannender. Am „falschen" Band beginnt selbiges zu laufen und spuckt die Koffer aus, zumindest einige. Interessant wird es, als am Nachbarband, dem „richtigen", nun auch einige Koffer auflaufen, die doch tatsächlich auch zu unserem Flug gehören.

Der Tourist, als solcher nicht dumm, erkennt die Situation und läßt richtig Bewegung in die Gruppe kommen. Alle, die nicht alleine geflogen sind, entsenden einen Vertreter zur Sicherung eines strategisch günstigen Standorts am Band. Schliesslich muß man ja möglichst schnell sein Gepäck bekommen, damit der Urlaub unverzüglich beginnen kann. Daß der Bus, der zum Ziel der Glückseligkeit führt, erst abfährt, wenn alle Gäste an Bord sind, ist ein anderes Thema und spielt bei der Gepäckentgegennahme keine Rolle. Warum auch?

Schnelligkeit und Ungeduld scheinen diese Reisegesellschaft zu bewegen – im wahrsten Sinne des Wortes. Der Antrieb erfolgt nach einem klaren Muster; es geht um Minuten, und daher ist es quasi lebensnotwendig, schnellstens die Koffer zu bekommen. Es gilt doch, möglichst viel vom Urlaub zu haben. Daß dieser schon mit der Anreise begonnen hat, hat sich bei der Mehrheit noch nicht herumgesprochen.

Die Gepäckwagen werden nicht nur in Beschlag genommen, sondern direkt ans Band geschoben. Das macht durchaus Sinn, zumindest für den temporären Wagenbesitzer, da somit der Claim auf breiter Front gesichert wird. Daß dieses Gefährt für alle anderen eher ein Hindernis und eine Stolperfalle darstellt, spielt in den Augen der entschlossenen Kofferabgreifer keine Rolle, schließlich geht es um kostbare Urlaubszeit. Sollen die anderen doch zusehen, wie und wann Sie an Ihren Koffer kommen.

Möglicherweise befürchtet Touri auch den Diebstahl dieses wichtigen Gefährts; hier besteht auch zu Recht Anlaß zur Sorge, da es in unmittelbarer Nähe keinen Wagen mehr gibt. Am Fuß führend oder auf meinem Fuß parkend, ist der Wagenklau verständlicherweise weniger gut möglich als außerhalb der ersten Reihe. Daß mehr als genug Gepäckwagen in zentraler Lage zur Verfügung stehen, ist unerheblich.

Anzumerken sei hier noch, daß das „richtige Band" seinen Dienst nach einigen Runden wieder eingestellt hat und wir uns alle wieder an dem nur halb so langen Band drängeln dürfen, um schon mal eine Übungsrunde in Körperkontakt einzulegen. Schließlich ist es am Strand der Playa de Palma oder in Cala Millor auch so nett eng und körperbetont.

Statt Gepäckwagen schieben die lieben Kleinen einem dann etwas anderes in die Hacken oder auf den nach Sonne gierenden Körper. Besonders beliebt sind nasse Bälle, die vornehmlich auf dem Oberkörper landen – hoffentlich nur dort – und nicht nur für Nässe, sondern auch einen Moment des Schreckens, Erschreckens sorgen.

Die Schnelligkeit der Langsamkeit wird schon am mallorquinischen Gepäckband geübt, jedoch ohne nachhaltige Wirkung bei den meisten.

Dickes Portemonnaie

Es gibt doch tatsächlich Deutsche, die diese „unsere" wunderbare Sonneninsel Mallorca nicht nur regelmäßig für Ihren Urlaub aufsuchen, sondern Sie gerne komplett okkupieren und die Insel kurzerhand zum 17. Bundesland erklären.

Dies grenzt schon, sicherlich in den Augen der stolzen Mallorquiner, an überzogenen Nationalismus und Respektlosigkeit. Bei der Mallorca-Ausgabe von „Wetten-dass ...?" fragte der Showmaster einen seiner ausländischen Gäste tatsächlich, wie es ihm „hier" in Deutschland gefallen würde. So einfach kann man eine Insel medial vereinnahmen.

Auch wenn solche Ideen – Gott sei Dank ist es nicht mehr – auf mich befremdlich wirken, so muß ich doch gestehen, daß man schon auf solche Gedankenspiele kommen könnte, insbesondere dann, wenn man hier lebt.

Nicht nur in der Hauptsaison, sondern auch in der ruhigeren Nebensaison, selbst im Winter, habe ich häufig den Eindruck, in Deutschland zu sein. Es gibt überall deutsche Supermärkte, an allen Ecken wird deutsch gesprochen, wodurch ein Gefühl aufkommen könnte, als hätte Deutschland tatsächlich eine traumhaft schöne, mediterrane Sonnenenklave.

Nicht spanisch sprechen zu müssen, ist gleichermaßen Fluch und Segen. Auf der einen Seite erleichtert es den Einstieg in das alltägliche Inselleben, auf der anderen Seite führt es dazu, daß sich eine Gesellschaft in der Gesellschaft bildet. Diese landsmannschaftlichen Trennungen gibt es augenscheinlich auch bei anderen relativ stark präsenten Nationalitäten auf der Insel; es lebe die Parallelgesellschaft.

Nichtsdestotrotz führt diese Situation schon zu interessanten Stilblüten. Der fehlende Druck, Spanisch lernen zu müssen, senkt die Eigenmotivationsschwelle. Der tägliche Tritt in den Allerwertesten, der bei mir notwendig gewesen wäre, unterblieb, nicht nur weil ich mich so schlecht in besagtes Körperteil treten konnte. Folglich bewegt sich mein Spanisch immer noch auf dem Niveau der rudimentären Touristen-Sprachkenntnisse.

Gestern unterhielt ich mich mit Bekannten über dieses Phänomen. Seitdem ist mir bewußt geworden, warum mein Portemonnaie immer dicker wird. In Ermangelung ausreichender Sprachkenntnisse bezahle ich in Geschäften häufig mit mehr oder minder großen Scheinen. Das führt dazu, wie Sie jetzt schon erahnen, daß ich immer einen Berg an Kleingeld zurückbekomme, der sich zu dem schon vorhandenen hinzufügt.

Ich erkaufe mir sozusagen ein schweres Portemonnaie durch Nichtbeherrschen der spanischen Sprache. Die Quintessenz hieraus: Mit zunehmender Sprachkenntnis reduziert sich die Dicke des Geldbeutels exponentiell.

Meine eigenen Erfahrungen mit dieser Gettoisierung und der damit verbundenen fehlenden Notwendigkeit zum Erlernen der Sprache führen zu einem bedingten Verständnis für die vielen ausländischen Mitbürger in Deutschland, denen sich ebenfalls nicht die Lernnotwendigkeit geboten hat. Akzeptieren kann und will ich diese Situation weder in Deutschland noch auf Mallorca.

Es zeigt sich jedoch wunderbar, wie mit unterschiedlichen Maßstäben gemessen wird. Möglicherweise sind es sogar die Deutschen, die seit Jahrzehnten auf Mallorca und dem spanischen Festland, in Ihren Residencias, einkaserniert leben, des Spanischen nicht mächtig sind, aber in Deutschland auf die dortigen Ausländer schimpfen, weil diese immer noch nicht Deutsch sprechen. Wer Geld hat oder vorgibt, welches zu haben, hat offenbar mehr Rechte, auch auf das Nichtbeherrschen der Sprache des Gastlandes. Glückselig die Einfältigen, denn Sie merken es nicht.

Es gibt halt Nationen, die einen Freibrief haben, sozusagen gottgewollt, und voraussetzen, daß die übrige Welt in Ihrer Muttersprache parliert. Das koloniale Denken haben wohl nicht nur die Engländer und Franzosen in die Gegenwart gerettet.

Da bleibt dann wohl der Geldbeutel dick, es sei denn, man bezahlt mit der Kreditkarte.

Essen zwischendurch

Es ist kurz vor 18:00 h, in Spanien eine Zeit, zu der nicht gegessen wird, weil erst vor kurzem das Mittagessen beendet wurde oder weil es einfach viel zu früh für das Abendessen ist. Vor 21:00 h, lehrt mich meine Spanisch-CD, essen nur Kinder und Touristen. Zu beidem zähle ich nicht mehr, bei der einen Zielgruppe bin ich eindeutig einige Jahrzehnte zu alt, zu der anderen zähle ich auch nicht mehr, da ich zumindest einen großen Teil des Jahres auf der Insel verbringe. Nichtsdestotrotz wage ich es, in eine überwiegend von Spaniern besuchte Tapasbar mitten in Palma, nahe der bekannten Bar Bosch, zu gehen.

In Ermangelung der Tiefen der spanischen Sprache kann ich nur laut, aber um so deutlicher, innerlich fluchen. Was ist passiert?

In einem Lokal, in dem geschätzte 40 Tische, vielleicht auch mehr, stehen, von denen drei besetzt sind, als ich in die Taparia komme, erlaube ich mir, mich an einen Tisch für 4 Personen zu setzen. Das Reserviertschild negiere ich in Anbetracht der Zeit und der Lokalfülle geflissentlich.

Nur habe ich die Rechnung ohne den bekannten Wirt gemacht. Er macht wenig charmant, aber unmißverständlich deutlich, daß dieser Tisch reserviert sei und für mich und eine weitere Person, die noch kommen sollte, nicht belegbar sei, ich möge doch bitte den klassischen 2er-Tisch nebenan nehmen. Von den schon erwähnten Flüchen begleitet, ziehe ich, kaum daß ich mich niedergelassen hatte, wieder um.

Es hätte sonst auch zu schweren Komplikationen bei den noch zur Auswahl stehenden Tischen kommen können. Meinen auf Englisch angebrachten Einwendungen, daß es vielleicht für max. 30 min. kein Problem sein dürfte, ließ er einen Schwall Erklärungen auf Spanisch folgen, die ich nur durch lautes, unwilliges Grummeln und Kopfschütteln beantworten kann.

Da sage mal einer, der Mallorquiner hätte keine Regeln oder klare Vorstellungen von Ordnung.

Mein Begleiter, der kurz darauf das Lokal betritt, hat auf Grund der Fülle an Menschen echte Schwierigkeiten, mich zu finden und darf sich dann meinen zuerst innerlich geführten Redeschwall der Verärgerung nun live und in Farbe anhören. Kurzzeitig hatte ich in Erwägung gezogen, das Lokal postwendend zu verlassen, aber mein leerer Magen, der außer einer Ananas noch nichts

Festes geboten bekommen hatte, meldete Einspruch an, so daß ich mich den Argumenten offen zeige.

Wie es zu dieser Zeit nicht anders kommen kann, muß ich essen, was übrig geblieben ist. Tapas, die ihre besten Stunden und damit auch Ihre Frische deutlich hinter sich hatten, waren nur noch als Magenfüller zu genießen. Was sage ich da: genießen, so ein Unsinn, Sie waren Füllstoffe und willkommene Probanden für die Magensäure. Zumindest hat der Körper auf diese Weise so etwas Ähnliches wie Nahrung bekommen.

Was lernen wir hieraus?

1. Es ist immer hilfreich, mehr als nur ein Touri-Spanisch im Gastland zu beherrschen, damit man wenigstens laut in der Landessprache seinen Unmut äußern und fluchen kann.
2. Man sollte nicht zu einer Nicht-Essenszeit essen gehen. Ist man(n) doch selbst schuld.

Ein Kölner auf Mallorca

Was haben Kölner und auf der Insel lebende Nord-Europäer gemeinsam?

Nach einem knappen Jahr des Inselaufenthalts haben sie, so meine ich, viel gemeinsam. Um nicht zu sagen, die Residenten, Teilzeit-Residenten und Sonstige in der nicht statistisch erfaßten Masse der hier Lebenden sind qua Mentalität Kölner.

Streichen Sie gedanklich Sonne, Meer und angenehme Temperaturen, und Sie kommen auch zu dem Ergebnis. Vorausgesetzt, Ihre Vorstellungskraft reicht oder Sie haben auch schon länger auf der Insel gelebt und im Idealfall auch in Köln. Sollte beides nicht zutreffen, helfe ich gerne nach.

Der Kölner als solcher ist kommunikativ, weltoffen, tolerant und aufgeschlossen. Selbst dem deutschen Nicht-Kölner wird nicht nur ein Dauer-Smiley ins Gesicht gepflanzt (was nun überhaupt nicht zu den nennenswerten Wesenszügen des Deutschen zählt), wenn er die Insel als neue Heimat auserkoren hat, sondern er nimmt auch noch die kölsche Lebensart an.

Ich sehe Sie schon mit dem Kopf schütteln und mich für etwas beobachtungsgestört oder zu stark sonnen-bestrahlt abschreiben.

Wie erklären Sie sich dann diese Dualität?

Auf der Insel wird das kölsche Du-Sie noch gesteigert, indem Gott und die Welt geduzt wird. Für Nicht-Kölner: In der Domstadt wird Du-Sie gerne verwendet, u.a. in Kneipen, um Nähe, Vertrautheit und Sympathie zu suggerieren. Es könnte sich z.B. wie folgt anhören: „Machst du mir mal 2 Kölsch" (auf die Besonderheiten der kölschen Grammatik gehe ich hier nicht ein, empfehle jedoch das Buch von Bastian Sick „Der Dativ ist dem Genitiv sein Tod") oder „Hast du gesehen, wie die Pfeifen vom FC[1] wieder gespielt haben?". Das etwas höflichere, aber auch distanziertere Sie kommt schwer über die rheinischen Lippen. Würde sich bei den genannten Beispielen auch, zumindest für den Kölner, befremdlich anhören.

Zurück zur Insel. Hier gibt es ein stillschweigendes Übereinkommen zum DU. In Kneipen, Bars und Restaurants ist der Nordeuropäer ebenso kommunikativ und freundlich wie der Kölner. Du erlebst einen netten,

1 Für alle Nicht Kölner, gemeint ist der Fußball-Club 1. FC Köln

kurzweiligen Abend, tauschst auch noch Telefon-Nummer und Namen aus – in Köln geht das auch ohne diese persönlichen Dinge – und glaubst, einen neuen Bekannten für dein Inselleben gefunden zu haben. Meistens weit gefehlt.

Es ist nicht ausgeschlossen, daß Ihr noch ein-, zweimal telefoniert oder simst; das war es dann schon. Ausnahmen bestätigen, wie immer im Leben, die Regel.

Hier sind wir, ich, nun beim kölschen Vergleich. Wie in meiner Wahlheimat ist es auf Mallorca. Der Kölner erkennt oder kennt Dich am Tag danach auch nicht mehr. Mäht nix – macht nichts (für Nicht-Kölner).

Oberflächlichkeit in dieser unverbindlich verbindlich kultivierten Form hat doch auch was. Du kannst sicher sein, immer nette Menschen zu treffen, einen unterhaltsamen und fröhlichen Abend zu haben und – nicht zu vergessen – du lernst pausenlos neue Leute kennen. Denk Dir nichts dabei, wenn Sie nicht anrufen oder auf Anrufe nicht reagieren. Das ist kölsche Art, respektive kölsch-mallorquinische Art.

Na, hat uns dieses DU-SIE nicht richtig nahe gebracht?

Mein Winter auf Mallorca

Sind Mallorquiner Sparbrötchen? Haben Sie tatsächlich einen Igel in der Tasche?

Nach meinen Erfahrungen können sie schon als die iberischen Schotten durchgehen. In Anlehnung an ein bekanntes literarisches Werk spanne ich den Bogen in die Neuzeit.

Ein Winter auf Mallorca[2] ist auch im hochtechnisierten 21. Jahrhundert kalt, naßkalt. Es hat sich augenscheinlich in über 150 Jahren nicht viel verändert.

Wohnungen sind im Winter kalt & feucht, Bett samt Bettwäsche neigen ebenfalls zu unangenehmer Feuchtigkeitsaufnahme. Selbst die Garderobe in den Schränken, wurde mir berichtet, wird klamm. Diese Erfahrungen sind mir bisher erspart geblieben, bis auf die typischen klimatischen Bedingungen im Winter.

Moderne Menschen setzen dann im Winter auf der Insel Entfeuchter ein. Das macht ja auch Sinn, denn Ursach-

---

2 Gleichnamiger Roman von George Sand, die den Winter 1838/39 zusammen mit Frederic Chopin auf Mallorca verbrachte und später ihre Erlebnisse zu Papier brachte.

enbehebung würde tiefe Eingriffe in den mallorquinischen Geldbeutel und liebgewonnene Gewohnheiten bedeuten. Und der Mieter ist wohl nicht geneigt, die Investitionen für Veränderung anstelle des Eigentümers zu übernehmen.

Zum Heizen hat bis weit ins ausgelaufende 20. Jahrhundert ein Kamin hergehalten. Wer selber mal in einem Haus oder einer Wohnung gelebt hat, wo lediglich ein Kamin zum Wärmen vorhanden war, weiß, wovon ich spreche, ins-besondere bei naßkaltem mallorquinischen Klima. Im Umkreis der Feuerstelle ist es lecker warm; mit jedem Meter Entfernung nimmt das wohlige Empfinden dann leider ab.

Strombetriebene Radiatoren sind der nächste wärmende Evolutionsschritt in mallorquinischen Wohnungen und Häusern. Daß Strom als Energiequelle zum Heizen nicht zwingend effizient und wirtschaftlich ist, spielt auf der Insel keine Rolle. Kommt er doch aus der Dose und war über Jahre vergleichsweise preiswert.

Moderne Wohnungen und Häuser verfügen über Klimaanlagen, die „warm und kalt" können. Welch eine Errungenschaft, 2in1, aber auch strombetrieben und nur „an-aus" sprechend. Nachhaltigkeit gibt es auch hier in keiner Weise. Die Krönung der insularen Wärmeversorgung sind strombetriebene Radiatoren mit einem ölgefüllten Innenleben. Dieses speichert die Wärme und gibt sie noch ab, zumindest für eine gewisse Zeit, wenn der Saft bereits abgedreht ist. Es lebe der Fortschritt.

Wenn Sie sich nun Fragen, wann die gute alte und bewährte Zentralheizung ins mallorquinische Wärmespiel kommt, dann kann ich nur antworten: überhaupt nicht. Der Mallorquiner, in der Schwarz-Weiß-Betrachtung, ist entweder sentimental und mag Tradiertes nicht ändern oder er ist ein Sparbrötchen mit besagtem stacheligen Tier in der Hosentasche. Ich vermute, daß beides zutrifft.

Erstaunlich ist nur, daß scheinbar viele Residenten diese Gewohnheiten der Versorgungstechnik in ihren Immobilien übernommen haben. Wer selbst gebaut hat, konnte sich zumindest auch noch den Luxus der angenehmen Wärme im Winter erlauben.

Finden Sie es schön, wenn nicht nur im Schlafzimmer, sondern auch in allen übrigen Wohnräumen Decken herumliegen?

Stellen Sie sich mal vor, wie sich Ihre Augen, vorausgesetzt Sie sind männlich oder lesbisch, immer wieder an den angenehmen weiblichen Formen Ihrer Lebensgefährtin erfreuen, aber in den doch recht langen Wintermonaten hierauf verzichten müssen. Neben Ihnen auf der Couch sitzt ein lebendiggewordenes Wollknäuel; dicke Socken, zwei Pullover und eine wenig sexy aussehende Jogginghose über Skiunterwäsche. Weniger wird Sie auch im Bett nicht anhaben, es sei denn, sie ist in Sibirien groß geworden.

Aber trösten Sie sich, es kommen auch wieder die augen- und herzerfreuenden Jahreszeiten, in denen wir uns, nicht nur wir Männer, an wenig stofflicher Bedeckung erfreuen dürfen. Es dauert nur, denn auch ein Winter auf Mallorca ist lang – zu lang .

Zurück zu den Decken, die sich wohltuend von der Einrichtung abheben, sofern Sie mallorquinisch und nicht Ihre eigene sind. Man könnte fast sagen, sie bilden einen beruhigenden Kontrast zum iberischen Barock, zu Kitsch neigenden Accessoires und unruhigen Tapeten. Wenn Sie keine Farballergie haben oder diese Dinge als Umweltverschmutzung empfinden, sind rosa-, hellblau- oder violett-farbige Decken eine wärmende Augenweide. Und Ihre Lebensgefährtin unter diesen.

Ein winterlicher Ausflug in ein typisch mallorquinisches Restaurant offenbart einen weiteren Einblick in den Wärmehaushalt der Insulaner. Ihre Vorstellungskraft möchte ich jetzt nochmals bemühen.

Ein großer Eßtisch, eine Tischdecke, die bis auf den Boden reicht, eine Raumtemperatur, die man nicht als kuschelig bezeichnen würde und die nicht wirklich geeignet ist, um ein wunderbares Menue zu genießen. Ihnen wurde das Lokal empfohlen und Sie testen es nun selber, inklusive der Kältebehandlung.

Nachdem Sie nun Platz genommen haben, Ihre Füße unter dem Tisch einsortiert haben, überkommt es Sie auf einmal wohlig warm. Aber leider nur von unten, während der Rest langsam abstirbt oder zumindest eine kältefeuchtebedingte Gliederstarre erfährt.

Unter dem Tisch ist füßeln nicht möglich, leider, weil sich hier mehrere kohlebefeuerte Miniöfen befinden, die für das angenehme warme Gefühl sorgen. Ihr Körper muß sich jetzt entscheiden, ob er sich wohlig warm oder doch eher unangenehm kalt fühlen möchte.

Machen Sie sich nichts daraus – ein Winter auf Mallorca vergeht auch wieder und tausende Mallorquiner können doch nicht irren, was die Art und Weise der Heizmethodik betrifft. Frei nach Frederic Chopin ist hier die schönste Idylle der Welt.

Bevor Sie nun einen virtuellen Kälteschock bekommen und unsere schöne Insel im Winter meiden, möchte ich Sie beruhigen. Ich kenne diese Restaurants nur aus Erzählungen, und in unserer Zeit geht es Gott sei Dank doch fortschrittlicher zu, auch ohne Zentralheizung.

Kommunikation à la Mallorquin

Es ist selbstverständlich für Menschen des medialen Zeitalters, insbesondere, wenn sie auch noch als Gast auf Mallorca leben, daß Sie mindestens zwei Handys haben. Eines mit der deutschen Mobilfunk-Nr. und eines mit der spanischen Nummer, die schon aus Kostengründen empfehlenswert ist.

In einer Gruppe von Menschen kann man sicher sein, daß eines der vielen Telefone läutet. Die Frage ist lediglich, wer wird von wem, von wo, auf welcher Nummer angerufen.

Nachdem eine deutsche und eine spanische Nummer und damit auch zwei Handys als normal angesehen werden – natürlich auch bei mir, denn warum sollte ich die Ausnahme von der Regel bilden – gibt es noch eine Steigerung in der bedeutungsschweren Wahrnehmung, die durch das Handymodell geprägt ist.

Zwei neue Geräte zeugen eindeutig von mehr Chic als ein überalterter Knochen, der für die Insel reanimiert wurde. Die Halbwertzeit von Mobiltelefonen erfährt hier eine Aufwertung und neue Bewertung. Schlecht für die

Industrie, gut für die Umwelt und damit für die Müllhalden, nicht nur auf der Insel.

Wer glaubt, die Bedeutungsschwere einiger Inselgäste wäre in punkto Erreichbarkeitswahn hiermit ausgeschöpft, der sieht sich durchaus getäuscht. Mir wurde zugetragen, daß es tatsächlich Residenten und Teilzeit-Residenten gibt (das sind die, die noch nicht so recht wissen, wo Sie hingehören wollen), die durchaus in der Lage sind, vier (!) Geräte zu nutzen.

Es kommen zu den inselopportunen zwei Handys noch weitere zwei hinzu. Eines ist ein privates oder ein geschäftliches mit deutscher Nummer, je nachdem, welchem Zweck eines aus dem ersten Paar dient. Hinzu kommt noch ein Tamagotchi – ich nenne die Blackberrys so, weil Sie ein Spielzeug für Erwachsene sind, welches auch immer wieder gefüttert werden will und rege Zusprache benötigt.

Dieses Gerät wird genutzt (trotz des für meine Begriffe zu winzigen Displays), um zu jeder Zeit Mails abrufen und lesen zu können – ja, zu müssen. Daß man mit diesem Teil auch telefonieren kann, hat sich noch nicht bei jedem herumgesprochen, denn wie erklärte es sich sonst, daß noch ein weiteres, besagtes viertes Handy am Mann oder an der Frau ist.

Auf eines mehr oder weniger kommt es doch wirklich nicht an; Hauptsache, die Kommunikation stimmt, zumindest die Telekommunikation.

Kindergeburtstag

Es ist Sonntag, aber kein gewöhnlicher Sonntag. Nein, es ist ein außergewöhnlicher Tag, nicht nur für mich, weil ich Gast bei Mallorquinern sein darf, sondern auch für die Gastgeber, die ihren Geburtstag feiern.

Es ist ein traumhafter Sonntag mit Sonnenschein, blauem Himmel und angenehmen Temperaturen, so daß wir die mitgenommenen Pullover – es ist Anfang April – nicht benötigen.

Wir sind eingeladen, auf einer Finca einen Kinder- und einen Erwachsenen-Geburtstag zu feiern. Ich finde die Vorstellung sehr reizvoll, auf diese Weise Einblicke in das Leben der Insulaner zu erhalten. Mein Wissensdurst möchte schon zu Beginn der Fahrt gestillt werden, nicht nur, weil wir für die Fahrt ins Landesinnere sicherlich noch 20 Minuten vor uns haben, sondern auch zur mentalen Vorbereitung.

Leider kann meine Begleiterin – ich bin eher ihr Begleiter, aber egal – nicht mit viel Detailwissen aufwarten. Wie viele Gäste erwartet werden und wann die Party losgeht, wird vage beantwortet. Zum Mittagessen, gegen 14:00 h, beginnt die Feier, es sei aber auch ok, wenn wir erst um 15:30 h dort wären. Na ja, denke ich mir, ist halt Spanien. Die Anzahl der Gäste bleibt im Unbestimmten; es dürften schon ein paar sein. Jetzt weiß ich doch schon etwas mehr.

Wir parken auf einem großen Feld vor der Finca. Der Feldparkplatz ist schon gut gefüllt; man könnte denken, es würde ein Dorffest stattfinden, aber es ist nur eine Doppel-Geburtstagsfeier, zu der gefühlt das halbe Dorf kommt. Irgendwie ist hier doch jeder mit jedem verwandt, oder?

In den Tüten, die mir in die Hand gedrückt wurden, sind Fressalien. Unser Beitrag zum sonntäglichen Buffet. Das gibt es in der alemannischen Heimat auch: diese Mitbring-Partys, bei denen sich dann diverse Nudel- und Kartoffelsalat-Variationen einen stillschweigenden Wer-schmeckt-besser-Wettbewerb liefern. Erstem Anschein nach gibt es diesen hier nicht; liegt wohl nur an dem typisch deutschen Kartoffelsalat.

Nach der freundlichen Begrüßung, bei der jeder die Brocken der Sprache seines Gegenüber aus der hintersten Schublade seiner grauen Zellen hervorholt (was zu einem witzigen spanisch-deutschen Kauderwelsch führt), habe ich Zeit, mich zu orientieren. Meine Begleitung überreicht derweil die Geschenke und verhandelt den richtigen Bestimmungsort unseres mitgebrachten Salats.

Daß jemand uneingeladen oder zumindest unangekündigt auf dieser Feier erscheint, ist für die Gastgeber scheinbar völlig normal. Zumindest geben sie mir das Gefühl. Es spielt im Grunde auch keine Rolle. Wenn ich mich umschaue, sind schätzungsweise 15 bis 20 Kinder auf dem weitläufigen Gelände der Finca schreiend und johlend unterwegs. Hinzu kommt noch mindestens die doppelte Anzahl Erwachsener, die sich weniger weit verteilen. Ihr Augenmerk gilt deutlich mehr der Bar, die ausgesprochen gut bestückt ist und von harten Drinks über Long-Drinks bis hin zu Cava und Wein alles zu bieten hat. Der zweite Anziehungspunkt ist der Grill – auch hier Männerdomäne, es scheint auch auf Mallorca die klassische Rollenverteilung zu geben, wie in Alemania – an dem Fleisch und Fisch à la plancha zubereitet werden. Die Damen kümmern sich derweil um die feste Nahrung auf dem Buffet, stehen hier wie in der Küche in kleinen Grüppchen und tauschen das Wichtigste der zurückliegenden Woche aus.

Die Geräuschkulisse ist vergleichsweise hoch – zumindest empfinde ich das so. Außer mir scheint das niemandem aufzufallen; Lautstärke und ein Stimmengewirr von durcheinander sprechenden Menschen ist in Spanien normal und somit an der Tagesordnung.

Nachdem der eine oder andere versucht hat, mich kennenzulernen und sich mit mir unterhalten will, was bedauerlicherweise auf Grund meiner wenig ausgeprägten Spanischkenntnisse mit vielen Hindernissen verbunden ist – yo hablo un poco español – werde ich fürsorglich mit Getränken, Gegrilltem und sonstigen Leckereien versorgt. Wenn sie schon nicht mit mir reden können, wollen mich die Mallorquiner zumindest mästen; soll der Alemán doch nicht schlecht über die Gastfreundschaft sprechen können.

Der Nachmittag vergeht mit Essen, Trinken und Gesprächen, zumindest für die Älteren. Die Kinder haben ihren eigenen Zeitvertreib, in den wir Erwachsene nach grundlegender Bedürfnisbefriedigung mit eingebunden werden. Es findet eine Art Modenschau statt, bei der wir aufgefordert sind, das beste, das originellste Kostüm zu wählen. Es ist immer wieder faszinierend, mit welchen Mitteln Kinder sich und andere unterhalten können und womit sie Spaß haben. Hier bedarf es keiner teuren technischen Spielzeuge à la Wii-Konsole oder Nintendo.

Es ist ausgesprochen unterhaltsam und komisch, wie

sich die Pänz[3] kleiden haben und mit welcher grazilen Art sie über einen imaginären Laufsteg stolzieren, um sich den Juroren zu präsentieren. Die Wahl fällt ausgesprochen knapp aus und endet in der Verleihung von Pokalen, was verständlicherweise zu Jubelstürmen bei den Siegern führt.

Damit aber noch nicht genug. Zu meiner größten Überraschung werden nun alle, Erwachsene und Kinder, aufgefordert, an einem Spiel teilzunehmen. Eine bunt gemischte Gruppe von Alt und Jung bildet einen großen Kreis mit ihren Stühlen und harrt der weiteren Dinge, die nun folgen. Ein großer Schaumstoffwürfel wird in die Mitte geworfen; ferner ein Garderobenständer am Kreisrand aufgebaut, der ähnlich einer Schaufensterpuppe „gekleidet" ist.

Sinn und Zielsetzung des Spiels ist es, der Reihe nach zu würfeln, bis eine Sechs fällt würde. Dieser Spieler hat dann die Aufgabe, sämtliche Kleidungsstücke von der Garderoben-Figur zu nehmen und sie anzuziehen. Die übrigen Spieler würfeln zwischenzeitlich weiter, bis erneut eine Sechs geworfen wird. Sollte der sich ankleidende Spieler bis zu diesem Moment komplett gekleidet sein, wäre er Sieger, im anderen Fall, Sie ahnen es schon, der Verlierer.

3 Pänz, kölsche Mundart für Kinder

Was sich zunächst ganz leicht und einfach anhört, erweist sich bei der praktischen Umsetzung jedoch als mit Tücken beladen, da als erstes Fausthandschuhe anzuziehen sind. Die weiteren Kleidungsstücke, Stiefel, Hose, Hemd, Jacke, Schal und Hut können dann nach Wahl angezogen werden. Was so einfach aussieht, erhält durch die weiter würfelnden übrigen Spieler nicht nur einen verschärfenden Zeitdruck, sondern auch das Fehlen der Finger und der damit verbundenen Feinmotorik sorgen für weitere Probleme.

Wer dieses Spiel kennt und möglicherweise selber schon gespielt hat, der weiß um den hohen Spaßfaktor und die Freude aller Beteiligten, insbesondere der Niños, wenn ein Spieler fast angezogen ist, aber beispielsweise die Hose nicht so will, wie sie sollte, und zu allem Überfluß dann auch noch eine Sechs gewürfelt wird und man sich wieder auspellen muß.

Auf diese Weise verbringen wir den Nachmittag spielend und lachend, bis sich die Sonne anschickt, hinter dem Tramuntana unterzugehen.

Spanische Sauna

Ich wollte von Son Caliu (Palmanova) nach Palma zu einer Silvesterparty. Vernünftigerweise entscheide ich mich, mit dem Taxi in die Hauptstadt zu fahren. Das telefonisch bestellte Taxi kommt schnell, so daß ich kaum Zeit habe, den im Bistro bestellten Café Solo in Ruhe zu trinken.

Vorwegschicken sollte ich, daß der 31. Dezember auf Mallorca ein wunderschöner, sonniger Tag, mit Temperaturen um die 16° Celsius ist. Schon im Café hatte ich den Eindruck, in einem überhitzten Raum zu sitzen. Möglicherweise ist es für die Spanier schon zu kalt. Mit meinem Rollkragenpullover und einem leichten Kaschmirmantel wird mir schnell zu warm; der Espresso tut sein Übriges.

Beim Einsteigen in das Taxi werden nahezu alle Sinne auf eine Belastungsprobe gestellt. Laute spanische Musik, zu der der Fahrer noch mitsingt, dröhnt mir entgegen. Die Temperatur gleicht der einer finnischen Sauna nach einem herben Aufguß. Scheinbar hatte der singende Taxifahrer soeben noch einen männlichen Moschus-After-Shave-Aufguß aufgelegt und dazu die Heizung samt Gebläse hochgefahren, damit ich mehr von allem habe. Temperatur und Geruch nehmen mir im wahrsten Sinne des Wortes die Luft.

Meine schon aus deutscher Dienstleistungswüste nicht verwöhnten Ansprüche werden durch diese Erfahrung einer rollenden Sauna mit singendem Aufguß-Meister noch bei weitem übertroffen. Wenn ich geglaubt hatte, daß er für seinen Fahrgast die Musik leiser drehen und seinen Mitgesang einstellen würde, so hatte ich mich in diesem Prachtexemplar eines vollendeten Dienstleisters getäuscht.

In Ermangelung ausreichender Kenntnisse der spanischen Sprache und aus falsch verstandener Höflichkeit füge ich mich meinem Schicksal und fahre mit saunaartigen Temperaturen, herbem männlichen Geruch und spanischen Weisen nach Palma.

Dieses Erlebnis findet seinen passenden Ausklang, als es an die Bezahlung geht. Achtzehn Euro habe ich zu entrichten und entscheide mich am letzten Tag des Jahres sowie aus Dankbarkeit für die einmalige Taxifahrt, meinem Unterhaltungskünstler zwanzig Euro zu geben. Den ihm gereichten Fünfzig-Euroschein kann mein Chauffeur nicht wechseln und muß doch tatsächlich ebenfalls an der Bar Bosch haltende Kollegen bitten, den Schein klein zu machen. Was erstaunlicherweise erst beim dritten Versuch von Erfolg gekrönt wird.

Da könnte sich ja glatt der Gedanke aufdrängen, daß nicht nur mein Taxifahrer noch nicht so richtig auf den Fahrgastansturm des Silvesterabends vorbereitet zu sein scheint. In Erwartung eines umsatzstarken Abends hätte ich sicherlich genügend Wechselgeld am Mann gehabt; aber ich bin ja auch kein spanischer Taxifahrer.

Mañana, immer mit der Geduld

Mañana heißt wörtlich übersetzt morgen. Der erfahrene Tourist und Resident kennt jedoch auch die Bedeutung im übertragenen, weitläufigen Sinn. In diesem Fall wird keine genaue Zeitangabe gemacht, sondern es ist vielmehr eine vage Aussage, daß etwas in der Zukunft, möglicherweise in naher Zukunft erfolgen könnte.

Diese eher unbestimmten und vor allem sehr ungewissen Angaben sind typisch für die einheimische Bevölkerung, prägende Wesenszüge und gehören quasi zum Kulturgut. Mit denen sich jeder Inselfrischling, zumindest, wenn er beabsichtigt, hier länger leben zu wollen, am besten schnell anfreunden sollte. Ohne diese Bereitschaft und Akzeptanz wäre der Nordeuropäer, insbesondere wenn er aus dem strukturierten und relativ korrekten Deutschland kommt, durch Dauerbluthochdruck gefährdet, was bekanntlich der Gesundheit recht abträglich ist.

Gewöhnen Sie sich an diese Mentalität oder lassen Sie es, dann sollten Sie aber auch nicht auf der Sonneninsel leben wollen.

Ähnlich verhält es sich mit der in Deutschland so gerne gepriesenen Pünktlichkeit. Es geht auch ohne, zumindest auf Mallorca, „sin tiempo" ist hier gleich-bedeutend mit „con tiempo" und gilt als normal pünktlich. Diese 15 Minuten sind mittlerweile auch für den Deutschen auf Mallorca kein Grund mehr zum Grübeln oder gar, um in Verzweiflung zu verfallen. Verspätungen von bis zu einer Stunde sind noch normal und werden im Rahmen der mediterranen Toleranz als Zuverlässigkeit angesehen. Alles darüber hinaus wird als nicht zuverlässig bewertet, insbesondere, wenn ein Termin überhaupt nicht eingehalten und auch nicht telefonisch abgesagt wird.

Ein Mallorquiner hat eine andere Vorstellung von Termintreue und Zuverlässligkeit – Mañana eben. Möglicherweise wird er sich auch auf sprachliche Mißverständnisse berufen.

So könnte es sein, daß Sie einen Termin aus Ihrer Sicht bestätigt haben. Daß es zu dieser scheinbar klaren Absprache dennoch Auslegungsmöglichkeiten gibt, kommt Ihnen – deutsch denkend – nicht in den Sinn. Eine Option wäre, daß es einer weiteren Bestätigung bedarf, weil erstere mehr als Terminanfrage angesehen wird und folglich keine verpflichtende Wirkung hat.

Im Zweifel Mañana.

Die Uhren gehen wohltuend anders für den, der sich auf das spanische Zeitverständnis mit all seinen Facetten einlassen mag.

Hochhängende Urinale

Möglicherweise ist die folgende Geschichte nicht so interessant für das weibliche Geschlecht, weil es um spanische – sollte ich einschränkend sagen um mallorquinische – Urinale geht. Wenn Sie glauben, hierüber gäbe es nichts zu berichten, empfehle ich doch, weiterzulesen.

Die Kölner Damenwelt, zumindest diejenige, die im Karneval aktiv ist, weiß, wie es auf Herrentoiletten aussieht, weil diese zur 5. Jahreszeit mitbenutzt werden, da hier üblicherweise weniger lange Schlange gestanden wird – auch vor den Waschbecken, was ich besser nicht vertiefe.

Wir Männer wissen, daß die Keramik durchaus ein Thema sein kann. Also liebe Frauen, wenn Ihr die Bestätigung dafür bekommen wollt, was Ihr schon immer befürchtet habt, dann überlest diese Seiten nicht.

Wir Männer sind zu kurz geraten – ich spreche von Körperlänge! Nur zur Sicherheit, damit der lesende weibliche Teil der Bevölkerung nicht auf andere Gedanken kommt und in Jubelstürme ausbricht, frei nach dem

Motto „haben wir doch schon immer gewußt – zu kurz". Ich frage mich auf hiesigen mallorquinischen Toiletten häufig, ob ich zu klein bin und spanische Männer, ohne daß es mir aufgefallen wäre, deutlich größer, ich meine länger, sind. Warum?

Die Urinale in Bars, Restaurants und Hotels sind für deutsche genormte Verhältnisse recht hoch, um nicht zu sagen, fast zu hoch angebracht. Mit meinen rund 173 cm Körperlänge empfinde ich die Position der Keramik eindeutig als unkomfortabel, um einem Bedürfnis nachzukommen.

Für den bequemen Stand zum Wasserlassen sind die meisten Schüsseln zu hoch, zumindest für alle U-173-Männer – kleiner Mann – will ja schließlich nicht nach oben strahlen; es könnte zu ungewollter Streuung kommen.

Für die Fraktion der Spielkinder und Schlechtzieler gibt es in Deutschland im Urinal ein Fußballtor mit Ball en miniature, damit der Anteil der Zielpinkler erhöht wird. Auf mallorquinischen Toiletten müßte der Ball schon sehr groß sein, damit er bei einem Bogenstrahl auch getroffen wird.

Ideal wären natürlich keramische Einrichtungen, die

sich automatisch den körperlichen Maßen des Verrichters anpassen. Das wird wohl eher der Wunsch oder die Idee eines auch an das Putzpersonal denkenden Pinklers bleiben.

Der eine oder andere Mann, der ähnliche körperliche Grundvoraussetzungen aufzuweisen hat, wird meine Beobachtung vielleicht bestätigen können oder zumindest beim nächsten Gang auf das öffentliche, nicht immer stille Örtchen auf die Höhe achten.

Liebe Frauen, jetzt wißt Ihr, was Mann so alles bewegt.

Kultureller Unterschied

Liebe Frauen, jetzt kommt ein Thema für Euch, was nicht heißen soll, daß das männliche Geschlecht diesen Text überschlagen sollte. Zumal Mann seit Jahren, zumindest durch die Werbung, über die Hygiene der Frau in der Periode informiert und aufgeklärt ist.

Wer schon einmal in spanischen Geschäften Tampons gekauft hat, weiß, worauf ich anspiele.

Nicht aus eigener Erfahrung, jedoch aus etlichen Erzählungen deutscher Frauen, die schon langjährig auf Mallorca leben, kann ich folgende Geschichte berichten. Aus Neugierde habe ich diese natürlich mehrfach hinterfragt.

Tampons gibt es auf Mallorca, anders als in Deutschland üblich und gewohnt, überwiegend als Hygieneartikel mit Einführhilfe aus Karton. Ob spanische Frauen ein Werkzeug zum Einführen benötigen, ob Sie prüder sind oder die deutsche Variante der Tampons einfach den typisch spanischen Markt noch nicht erreicht hat, vermag ich nicht zu beurteilen. Interessant ist dieser kleine, aber feine Unterschied schon.

Die deutsche Frau kommt seit Jahrzehnten ohne Einführhilfe aus. Es scheint zumindest, so schließe ich hieraus, für die geübte, fingerfertige und geschickte Alemannin kein Problem darzustellen.

Da schießen mir doch direkt etliche Fragen in den Kopf. Aus welchem Grund gibt es diese kleine Hilfe für die Spanierin? Warum hat die Industrie nicht – im Zuge der Optimierung von Margen – diesen Kostenverursacher einfach abschafft und der Frau die Vorzüge „ohne" vermittelt.

Die deutsche Frau hat im Gegenzug, wie meine Recherchen ergaben, eher ein Problem mit diesem Stück Karton und ist bemüht, die Tampons in Supermärkten mit deutschem Sortiment zu kaufen. Zu Zeiten, als Spanien noch nicht Mitglied der EU war – ja, diese Zeiten gab es – und der deutsche Einfluß, zumindest was die Hygieneartikel in Geschäften betraf, noch klein war, war weibliche Weitsicht notwendig. Die eine oder andere Frau ließ sich daher von deutschen Freunden, die Urlaub auf der Insel machten, direkt Großpackungen mitbringen. Nicht anders verhielt es sich bei eigenen Heimataufenthalten; bei der Rückreise wurden deutlich mehr Artikel eingepackt, als es behördlich wahrscheinlich erlaubt war.

Aber was schert es die deutsche Frau bei der Einfuhr, wenn es um die Einfuhr geht?

Fahrerflucht

Enge Straßen finden sich nahezu in jedem Städtchen, in jeder Ortschaft auf der Insel.

Nun könnte man glauben, daß es vielleicht Sinn machen könnte, diese Straßen für den Durchgangsverkehr zu sperren, um den Anwohnern mehr Sicherheit und Ruhe zu gewähren. Weit gefehlt, warum auch?

Was seit der Nutzung von Pferdefuhrwerken und später mit den ersten Autos geklappt hat, funktioniert auch heute noch. Die Frage ist lediglich: wie? Die Antwort ist schnell gegeben. Die einheimischen Autofahrer haben weder mit den engen Straßen noch mit unvermeidbaren Beschädigungen des eigenen oder fremden Autos ein Problem.

Ist eine Straße mal zu eng, so daß sich unweigerlich ein Stau bildet, weil z.B. ein LKW, der entladen wird, ein Vorbeifahren unmöglich macht, bleibt man halt stehen und wartet.

Mañana, Mañana. Geduld und Ruhe werden hier im wahrsten Sinne des Wortes groß geschrieben. Sollte auch nur eine geringe Möglichkeit zum Vorbeifahren bestehen, so wird diese genutzt. Auf etwaige Verluste wird keine Rücksicht genommen. Ein abgesplitterter Spiegel oder ein paar Schrammen mehr an der Längsseite spielen keine Rolle. Solche Kleinigkeiten werden billigend in Kauf genommen. Dafür hat ein Fahrzeug scheinbar nicht die Bedeutung wie in Deutschland, und überhaupt scheint ein Auto ohne jegliche Beschädigung eher als nicht spanisch angesehen zu werden.

Das wirklich Spanische oder sollte ich sagen Mallorquinische ist die ausgesprochen lockere Einstellung zur Beschädigung fremden Eigentums im Besonderen und die übliche hiermit einhergehende anschließende Fahrerflucht im Speziellen.

Inselweit scheint es auch in den Augen der Polizei kein Delikt zu sein, welches zu ahnden wäre oder worüber man sich Gedanken machen, geschweige denn auch noch eine amtliche Ermittlung anstellen müßte. Augenscheinlich ist es durchaus normal, daß Autospiegel abgefahren und Kratzer im Lack verursacht werden, ohne daß sich jemand genötigt fühlen würde, auch nur anzuhalten und, wie es zumindest in Deutschland üblich ist, eine Rufnummer mit Namen zu hinterlassen. Was im Übrigen dennoch als Fahrerflucht gewertet werden könnte – in Alemania.

Ob es dieses Delikt in Spanien oder auf Mallorca nicht gibt, entzieht sich meiner Kenntnis. Fakt ist in jedem Fall, daß beschädigte Autos ebenso zum Stadtbild gehören wie Sonne und Meer zur Insel.

Unter Berücksichtigung von Straßenbreite und Beschädigungswahrscheinlichkeit sind kleine Autos, alte Autos sowie eine entspannte Einstellung zu Autos mit Schäden empfehlenswert, wenn nicht gar notwendig, um negativen Auswirkungen auf die Gesundheit vorzubeugen. Im anderen Fall würden Dauerbluthochdruck oder Magengeschwüre ein weniger schönes Regulativ darstellen.

Aus eigener Erfahrung kann ich sagen, daß die entspannte Haltung bei Leihwagen recht einfach ist, inbegriffen Beschädigungen am eigenen oder fremden Fahrzeug. Fahrerflucht hat für mich, als in solchen Angelegenheiten typisch deutsch denkend, noch etwas von Anrüchigkeit und Strafbarem, was die Spannung jedoch beim Weiterfahren erhöht. Außerdem kann man sich auf diese Weise von den Urlaubern abheben und sich selbst einreden, doch schon recht gut assimiliert zu sein.

Beim eigenen Auto in Deutschland finde ich eine komplett beschädigte Längsseite weniger spannend und eher ärgerlich. So ziert mein Auto in der Wahlheimat eine Optik, die problemlos nach Mallorca passen würde.

So sind die kleinen, aber feinen Unterschiede. Fahrerflucht gibt es quasi nicht, nur zu enge Straßen.

Así es la vida.

Kreisverkehr

Autofahren kann für den an Regeln und Ordnung gewöhnten Deutschen auf der Insel schon neue fahrerische Herausforderungen mit sich bringen.

Das Tempolimit, so vermute ich, bringt es mit sich, daß deutlich dichter aufgefahren wird als auf bundesdeutschen Autobahnen. Zumindest ist dies meine Erklärung für hiesiges Stoßstangenfahren. Auf der Insel wäre unter Anwendung der Straßenverkehrsordnung nahezu jeder einheimische Autofahrer ein dauergefährdeter Knöllchenempfänger. Auf Mallorca scheint sich selbst die Polizei nicht an diesem Fahrverhalten zu stören.

Viel spannender und für den nicht spanienerfahrenen Autofahrer sind die vielen Rotondas (Kreisverkehre) eine immer wiederkehrende Herausforderung. Die klare deutsche Regel, wie geordnet der Kreisverkehr zu befahren ist, greift hier nicht. Für jeden unerfahrenen auswärtigen Fahrer herrscht wahrscheinlich Chaos und Anarchie im direkten Umkreis des Kreisels.

Es ist üblich, 2spurig in den Kreisel zu fahren und nach klaren, unklaren Regeln wieder herauszufahren. Insbesondere bei denjenigen, die sich auf das Gewusel nicht einlassen, bilden sich nicht nur Schweißperlen auf der Stirn, sondern entsteht auch ein Unbehagen, gepaart mit der Hoffnung, unfallfrei aus diesem und allen weiteren Kreiseln zu kommen.

Auch ein diagonales befahren des Kreisverkehrs erfreut sich großer Beliebtheit, durchaus auch bei höherem Verkehrsaufkommen, ist es doch effizient. So wird von der rechten Fahrbahnseite in den Kreisel eingefahren, auf die innenliegende Spur geradewegs gewechselt, um wieder auf der rechten Straßenseite herauszufahren. Tempo verliert man auf die Weise kaum.

Der Mallorquiner fährt vom inneren Bereich (der „Überholspur") in der Regel, ohne den Blinker zu setzen, wieder aus dem Kreisverkehr heraus. Daß dabei möglicherweise außen fahrende Verkehrsteilnehmer geschnitten werden könnten, weil diese nicht rausfahren oder zu schnell sind, wird billigend in Kauf genommen. Rücksichtsvoll ist derjenige, der zumindest den Blinker setzt.

Bei all dieser für uns Deutsche rücksichtslosen und gefährlichen Fahrweise passiert vergleichsweise wenig. Dieses bekannte, ungeregelte Fahren scheint doch Regeln zu folgen, die es möglich machen, sicher und unfallfrei im Kreisel zu fahren. Zumindest solange überwiegend Einheimische und Residenten unterwegs sind. Es lebe das geordnete Chaos und diese sympathische Art der dynamischen Fahrweise! Der Verkehrsfluß ist deutlich schneller, natürlich rein subjektiv, als in Deutschland. Jemand, der zügiges Fahren bevorzugt, wird sich hier schnell zurechtfinden.

Straßenbauarbeiten

Sind wir es gewohnt, daß in Deutschland temporär aufgestellte Ampelanlagen die Durchfahrt in Baustellenbereichen regeln, so wird auf Mallorca nach wie vor auf Human Resources zurückgegriffen. Der Faktor Mensch spielt hier noch eine deutlich größere Rolle, zumindest scheint es so.

Nicht nur, daß vergleichsweise viele Bauarbeiter die Arbeit begleiten, ich sage bewußt begleiten, weil ein echtes Arbeiten sich dem deutschen Laien, dem die Feinheiten der spanischen Bauprozesse fremd sind, nicht auf Anhieb erschließt. Auch zur Absicherung und Verkehrsregulierung wird hier tatsächlich noch ein Mensch eingesetzt. Temporär gesperrte Straßenabschnitte, die einsehbar sind und nur noch einspurig befahren werden können, werden beidseitig – mitunter reicht auch die einseitige Lösung – von augenscheinlich nicht spanischen Mitarbeitern kontrolliert, die für die nicht ungefährliche Verkehrsregelung eingesetzt werden. Hierbei steht üblicherweise an beiden Baustellenseiten jeweils ein Mann, ausgerüstet mit einem Schild am Stil und scharfen Augen (ist zu wünschen). Eine Schildseite, auf blauem Untergrund ein weißer Pfeil, auf der anderen

Seite – Sie erahnen es schon – auf rotem Grund in weißer Schrift „STOP“. Die Bedeutung beider Seiten dürfte weltweit eindeutig sein und Fahren bzw. Stehenbleiben signalisieren.

Auf diese Weise wird der Verkehr geregelt. Spannend wird es höchstens, wenn nur ein Mann im Einsatz ist und der Trieb eines Fahrers zum zügigen Fahren stärker ist als seine Geduld, was nahezu nur bei Touristen oder Residenten vorkommt. Dann könnte der Moment der menschlichen Fehlerquote in diesem System auftreten.

Mir liegen keine amtlichen Statistiken vor, daher können wir wohl davon ausgehen, daß die Quote der Todes- oder Verletzungs-Opfer im Bereich des Vernachlässigbaren liegt. Sonst würde wohl in einem kultivierten Land diese menschlich gesteuerte Verkehrsregelung abgeschafft werden.

In unübersichtlichen Bereichen wird dann doch noch ein wenig Technik eingesetzt. In Form von Walkie-Talkies. Man kann nur hoffen, daß Sie immer funktionieren und beide Seiten am anderen Ende der Hardware die gleiche Sprache sprechen und einander verstehen. Wer-den aus diesem Grund auf beiden Seiten Farbige eingesetzt?

Zweifel kamen mir schon, die ich jedoch sofort wieder verwarf, da schließlich alles funktioniert – halt nur anders als in Alemania.

Auf den mallorquinischen Autobahnen wird es für die Autofahrer höchstens spannend, wenn sich etwas zu schnell verändert oder die Fahrbahn sich ohne lange Vorankündigung von zwei auf eine Spur verengt. Schließlich will auch hier jeder möglichst zügig vorwärts kommen, und da reizt nicht nur der Resident mal die Länge der Zwei-Spurigkeit aus. Was durchaus den Empfehlungen des ADAC entspricht, der Reißverschlußverfahren und weites Durchfahren empfiehlt. So beruhigt, alles richtig gemacht zu haben, geht die Fahrt entspannt weiter.

Ansonsten sind wahrscheinlich mehr die Tafeln schwenkenden Bauarbeiter einem konstanten Adrenalinausstoß ausgesetzt. Da sie augenscheinlich diesen Job Tag für Tag erledigen und überleben, frage ich mich schon, was sie mit dem überschüssigen Adrenalin machen. Als nicht kundiger Verkehrsregler hätte ich schon einige Nutzungsmöglichkeiten parat – von Sport bis zu noch mehr Verkehr reichen meine Ideen. Vielleicht verdunstet unter mediterraner Sonne auch Adrenalin; was zu klären wäre.

Siempre buen viaje – allzeit gute Fahrt auf mallorquinischen Straßen!

Abfallwirtschaft

Die Mülltrennung hält Einzug auf Mallorca. Ob das ein Grund für Jubelgesänge ist, möchte ich mal nach deutschen Erfahrungen bezweifeln. In jedem Fall kommt es gut an, ist en vogue und signalisiert international: Wir Spanier, wir Mallorquiner sind keine Umweltsäue, sondern wissen, was ökonomisch und ökologisch gut und richtig ist.

In Deutschland gibt es Mülltrennung und grünen Punkt für das staatlich geregelte System seit gut 20 Jahren. Ich für meinen Teil finde die Idee klasse, die Umsetzung indes war, zumindest in meiner Wahlheimat Deutschland, oftmals fragwürdig.

Es gibt wahrscheinlich ebenso viele Ökonomen, Ökologen & Thekenfachwirte, die glaubhaft, möglicherweise auch mathematisch-analytisch die Richtigkeit Ihres Denkansatzes untermauern und die Unsinnigkeit aller anderen Ansätze belegen können. Ich persönlich neige dazu, das System in Frage zu stellen. Erst wird getrennt, um dann zu erfahren, daß der Müll wieder todo completo in der Müllverbrennung im eigenen Land oder als wertiger Exportschlager nach Skandinavien zur dortigen Verbrennung verbracht wird. Warum soll ich dann noch trennen? Die Ökobilanz scheint auch bei Nicht-Trennung zu stimmen.

Ob die Mallorquiner nun trennen oder vielleicht auch nicht, entzieht sich im Detail meiner Kenntnis. Fakt ist jedenfalls, daß ab 2013 eine zusätzliche Menge Müll, gesprochen wird von 100.000 Tonnen, mit Segen der EU, nach Mallorca verbracht wird, um hier in der deutlich überdimensionierten Müllverbrennungsanlage „Son Reus" für Auslastung zu sorgen. Von Fehlplanung zu sprechen, wäre zu einfach; die Wirtschaftskrise und die vielen illegalen Müllkippen sollen die Ursache sein.

Letzteres liegt dann wohl am mangelndem Umweltbewußtsein der Wild-Entsorger, was ebenso nachfolgend deutlich wird, wie offene Hände (siehe separates Kapitel) in der Planungs- und Ausführungsphase von öffentlichen Großprojekten.

Nun aber zurück zum Thema Müll und Umwelt. Unabhängig von der schon beschriebenen Mülltrennung, die sich wunderbar durch unterschiedlich farbige Tonnen nach außen darstellt, vermisse ich ein tief verwurzeltes oder zumindest antrainiertes Bewußtsein für Abfallvermeidung in der Natur und in den Städten.

Ich habe schon einmal Parallelen zu Köln gezogen; diese möchte ich nochmals bemühen, jetzt zur Abfallwirtschaft – der privaten. Im Sommer gehen Kölner aller Nationalitäten gerne ins Freie, um zu grillen, gerne auch in öffentliche Parkanlagen, beispielsweise den Stadtwald. Dagegen spricht nichts, gegen die Schweinerei, die die Massen hinterlassen, jedoch viel. Es gibt scheinbar ein Recht, sozusagen ein bezahltes Anrecht auf Abfallentsorgung à la Liegenlassen, da die städtische Müllabfuhr direkt oder indirekt von den Kölnern bezahlt wird. Warum also den eigenen Grillabfall in eine Tüte packen und zur nächsten Mülltonne mitnehmen? Das scheint zuviel verlangt zu sein, dafür gibt es schließlich die Männer in Orange (zumindest tragen Sie diese freundliche Farbe in der Domstadt).

Auf Mallorca scheint eine ähnliche Denkweise bei einem Teil der Bevölkerung (inklusive aller Residenten) vorzuherrschen. Anders kann ich mir nicht erklären, warum die Städte einen mitunter dreckigen Eindruck hinterlassen. Nicht, daß hier ein falscher Eindruck entsteht, der Mallorquiner ist schon gewissenhaft. Er packt seinen Abfall zumindest in die in jedem Supermarkt hundertfach kostenlos[4] am Tag ausgegebenen Einkaufstü-

---

4 Seit 2010 gibt es ein Umdenken; die Tüten werden für 1 oder 2 Cent verkauft, zusätzlich sind große wiederverwertbare Tragetaschen für ca. 10 Cent im Angebot

ten und läßt diese dann an einem Treppen-auf-oder Abgang stehen. Um nur mal ein Beispiel zu nennen, das mir sehr präsent ist, da ich bei meinen morgendlichen Jogging-Runden des öfteren über diese saubere Form der Entsorgung gestolpert bin.

Entsorgung auf Mallorquin heißt aber auch, den un-mittelbaren Umkreis von Mülltonnen zu nutzen, um alles, was nicht mehr gebraucht wird, zu entsorgen. Das kön-nen Fernseher, Möbel, Autoteile, einfach alles sein, was die Eigentümer loswerden wollen.

Ist es doch rücksichtsvoll, hierfür zumindest den Dunst-kreis von Tonnen aufzusuchen. Daß dann Tüten vom Wind verweht werden, da die Abfallbehälter überfüllt waren und diese notgedrungen daneben abgestellt wur-den, ist nur eine unvermeidliche Begleiterscheinung. Ebenso sind Tüten, die von Katzen oder Hunden, die zu Dutzenden in den Wohngebieten herrenlos oder auch nicht herrenlos herumstreunen und als Spielgerät oder potentielle Futterquelle ansehen werden, doch wirklich nicht das Problem der Müllentsorger.

Eine wunderbare, nicht nur für Mallorquiner typische Entsorgung ausgedienter Autos ist das Abstellen am Straßenrand. Ohne Nummernschild natürlich, damit der Halter nicht ermittelt werden kann. Ein Auto am Straßenrand hat durchaus einen gestalterischen Charakter, nicht nur wegen des Farbtupfers, sondern auch aufgrund der dynamischen Weiterentwicklung dieser Straßenkunst. Es gibt immer wieder Mitwirkende dieser Kunstrichtung, die durch Entfernen von Rädern oder sonstigen Teilen dem Ganzen eine neue Wirkung geben und sie selbst somit zum Straßenkünstler werden lassen, wenn auch zum unbekannten.

Einige Bürgermeister aus der einen oder anderen Gemeinde haben zunehmend weniger Verständnis für diese sehr praktische und vor allem wirtschaftlich vorteilhafte Variante der Entsorgung für die Alteigentümer. Sie wollen doch tatsächlich diesem Treiben einen Riegel vorschieben.

Wie auch immer, es gibt doch dieses Gespür für Natur, Umwelt und menschenbedingte Abfälle. Das macht Hoffnung.

Sonne vs. Sozialstaat

Die Bereitschaft, Einschränkungen in Kauf zu nehmen und mehr zu arbeiten, um nicht zu sagen, Opfer zu bringen, ist auf Mallorca weit verbreitet, zumindest bei den Deutschen. Wer hier leben möchte – und das sind augenscheinlich eine ganze Menge meiner Landsleute – ist bereit, dafür einiges zu tun.

Sonne und Meer haben eine starke Ausstrahlungskraft, die für dieses Engagement verantwortlich zu sein scheint und für eine Klaglosigkeit, die in dieser Form in Deutschland nahezu nicht anzutreffen ist. Diese Bereitschaft wird nach meiner nicht statistisch untermauerten Auffassung durch die Sonne und das Klima gefördert. Das Meer und die überwiegend positive Stimmung auf der Insel tragen dazu bei, daß es als durchaus normal angesehen wird, wenn man zwei oder gar drei Jobs hat.

Da kann es selbst vorkommen, daß ein deutscher Rentner und Akademiker noch nebenbei putzen geht und im Inselhauptjob Lose für einen karitativen Zweck verkauft, um sich noch etwas hinzuzuverdienen, damit die im Grunde zu teure Wohnung finanzierbar ist. Hier wird nicht geklagt, hier wird in die sonnengebräunten Hände gespuckt.

Da werden am Airport in der Frühschicht Low-Cost-Hotel-Angebote feilgeboten – sieben Tage für 99,- €. Über das Kleingedruckte, in dem z.B. steht, daß ein kostenpflichtiges Frühstück und Abendessen pro Tag gezahlt werden muß, wird natürlich im Verkaufsgespräch hingewiesen, sonst wäre es ja Nepper-Schlepper-Bauernfängerei. So ist alles juristisch, zumindest formal, einwandfrei. Dies also war die Frühschicht, gefolgt von der Mittagsschicht, in der Credit Cards an Mann und Frau gebracht werden. An der Stelle frage ich mich immer: Wer benötigt noch eine zweite oder dritte Karte? Vielleicht das Ego?

Aus meiner Sicht alles Hardcore-Jobs, bei denen schon mal die Ethik und Moral auf der Strecke bleiben, aber man fällt keinem Sozialsystem zur Last. Meer und Sonne, weswegen die Insel doch als Lebensmittelpunkt gewählt wurde, bekommt man dann doch leider recht selten zu Gesicht. Es scheint jedoch auszureichen – so werden aus Minuten wohl gefühlte Stunden.

Aus welchem Grund nehmen so viele die Einschränkungen in Kauf? Was ist dieses besondere Flair, das diese besondere Anziehungskraft hervorruft? Was läßt die Menschen hier anders reagieren als in der Heimat?

Warum wird plötzlich nicht mehr nach dem Sozialstaat gerufen, sondern das persönliche Wohl und Wehe in die eigene Hand genommen?

Es muß an der schönsten Idylle der Welt liegen (frei nach Frederic Chopin).

Waschmaschinen

Es gibt auf der Insel etliche Vertreter diverser nord- und osteuropäischer Nationen, die hier erfolgreich tätig sind.

Für diese Episode bemühe ich mal einige Konjunktive – dazu rät der Jurist.

Wenn es also einen Unternehmer gäbe, der darüber hinaus auch noch eine Traumfinca hätte, die auf einer Anhöhe läge, mit traumhafter Aussicht auf die umgebende Landschaft. Im Mittelalter wählte man bevorzugt solche Standorte, weil sie mit wenigen Mann zu verteidigen waren. Vielleicht ist dieser fiktive Unternehmer mit den möglicherweise auch noch vorhandenen Security-Truppen doch wenig an der geostrategischen Lage interessiert.

Er könnte ein gutaussehender, charmanter Mittfünfziger sein, der darüber hinaus einen idealen Schwiegervater, zumindest für das weibliche Geschlecht, abgeben würde. Nun zum letzten Wenn; es wäre vorstellbar, daß er mit Vitaminen und Proteingetränken in großer Menge beliefert wird, damit seine muskelbepackten Sicherheitsleute, die sich natürlich hinter dunklen Sonnenbrillen verstecken, ausreichend muskelbildende Nährstoffe erhalten.

Ob die Flüssigkeitszufuhr auch positive Auswirkungen auf die grauen Zellen hat und noch eine Spannung für die Erleuchtung aufbauen kann, ist nicht überliefert.

Nach ausgiebigem Suchen habe ich die Finca hoch oben gefunden, die Zugangskontrolle überstanden und mich auf dem Grundstück nicht mehr verfahren. Am Eingang werde ich freundlich vom Junior in Empfang genommen. Die zwei Dutzend Kisten laden die Muckimänner aus, so daß es direkt zur Abrechnung kommen kann.

Ich hatte schon die Vermutung, daß vielleicht nicht soviel Geld im Hause sein könnte. Aber das scheint das geringste Problem zu sein. Vielmehr scheitert die Bezahlung am nötigen Kleingeld, da ich den 500-Euro-Schein – ja, den gibt es – nicht wechseln kann.

Das sei überhaupt kein Problem, da der Senior des Hauses - Sie erinnern sich, besagter Unternehmer - unten im Dorf in seinem Ladenlokal sei. Dort würde ich bezahlt werden.

Das Geschäft sollte nach Auskunft des Sohnes einfach

zu finden sein. Runter ins Dorf, bis zur Kirche, 1. rechts, 2. links (Einbahnstraßen beachten), wieder rechts, dem Straßenverlauf folgen und am Ende, vor der T-Kreuzung, auf der linken Seite, nicht zu übersehen.

Wäre es auch gewesen, wenn ich nicht nur nach einem großen Ladenlokal Ausschau gehalten hätte. Nach der dritten Dorfrunde finde ich das Geschäft; ein unscheinbarer kleiner Waschsalon.

Ich bin schon überrascht zu hören, daß der Vater einem solchen Geschäft nachgeht. Einen Markt hatte ich auf der Insel hierfür nicht erwartet, da alle Haus-halte wohl über eine eigene Waschmaschine verfügen. Es muß wohl eine riesige Wäscherei für Hotelwäsche sein, so meine irreführende Vermutung.

Angekommen in diesem überschaubaren Laden, begrüßt mich der Inhaber freudestrahlend. Er war wohl schon über eines seiner drei Handys, die auf dem Tresen liegen, von seinem Sohn vorab informiert worden. Muß der Mann wichtig sein, denke ich mir, und prompt kommentiert der Senior, der wohl meinem Blick gefolgt war, die Notwendigkeit dieser Geräte. Eines ist privat; die Nummer kennen nur die Familie und sehr gute Freunde, die anderen beiden sind für sein Heimatland und für Spanien.

Das leuchtet mir ein. Ich sollte auch mal über den Nachwuchs meiner Handyarmada nachdenken. Denn wichtig bin ich als Getränkelieferant allemal.

Die Bezahlung erfolgt mit etwas kleineren großen Scheinen, die ich nach wie vor nicht wechseln kann. Was nichts ausmachen würde: „Betrachte den Rest als Anzahlung für die nächste Bestellung!" Da war es schon wieder, das Insel-Du. Das Geldbündel verschwindet wieder in seiner Hosentasche.

Wieder in meinem Lieferwagen, frage ich mich schon, wie man mit einem so kleinen Waschsalon soviel Geld verdienen kann, daß es nicht nur für eine doch recht üppige Finca, sondern auch noch für eine Armee Muskelmänner ausreicht. Daß ein Waschsalonbesitzer soviel Schutz braucht?

Ich tröste mich damit, daß er wahrscheinlich das Geschäft schon von seinem Vater geerbt hat, der es auch schon von seinem Vater vererbt bekommen hatte und so weiter.

Ich beschließe, in meinem nächsten Leben auch in die Reinigungsbranche einzusteigen.

Offene Hand

Auf der Insel scheint es, zumindest in einigen Kreisen des öffentlichen Lebens, als normal bis hin zu legitim angesehen zu werden, für alles die Hand aufzuhalten. Schließlich gilt es, in der Amtsperiode für die Zeit danach Vorsorge zu treffen. Die Hoffnung, daß dieses korrupte Verhalten nicht auffällt, ist mindestens so weit verbreitet wie die Unverfrorenheit und kriminelle Energie, die sich hinter diesen Handlungen verbirgt.

Wären wir nicht in Europa, sondern in einem anderen Teil der Welt, den wir gerne als unterentwickelt bezeichnen, würden wir schnell von República Bananera (Bananenrepublik) sprechen. Sie ist auch auf Mallorca und in Köln vorzufinden, nicht nur bei offenen öffentlichen Händen – schon wieder eine Parallelität.

In meiner Wahlheimat Köln werden selbst Stahlträger, die zur Absicherung des U-Bahnbaus bestimmt waren, zu klingender Münze gemacht. Ein Verbrechen, welches monetär nur einige wenige Tausend Euro bei einem Altmetallhändler gebracht haben soll, bescherte jedoch schon Millionenschäden durch den Einsturz des Stadtarchivs und die damit verbundene Vernichtung unwiederherstellbarer Kulturgüter. Weitere Einstürze und Gefahren sehen die verantwortlichen Stellen nicht – hoffentlich behalten Sie recht. Nicht, daß aus falsch verstandener Scham vor Baustopp und gründlicher Untersuchung auf die Einbringung von Sicherheitsträgern verzichtet wird.

In Palma ist der U-Bahn-Schacht beim Bau nicht eingestürzt; er stand lediglich einen Tag nach der feierlichen Eröffnung unter Wasser. Und die Ihnen schon bekannte Müllverbrennungsanlage (siehe Kapitel Abfallwirtschaft) ist doch auch nur wegen der vielen illegalen und wilden Müllentsorgung nicht ausgelastet.

Es wäre jedoch zu einfach, das Prinzip der offenen Hand nur auf die Regierenden und Politiker in Anwendung bringen zu wollen. Auch das tägliche Leben dieser wunderschönen Sonneninsel ist, zumindest im geschäftlichen Umfeld, ebenso vertraut mit Gefälligkeiten.

Ich war schon irritiert, als mir von Mitarbeitern einer global tätigen Hotelkette unverblümt mitgeteilt wurde, daß man doch zunächst einmal eingeladen werden möchte. Denn nur so könne beurteilt werden, ob die Leistungen, die ich anbieten würde, auch tatsächlich für die anspruchsvollen Gäste geeignet wären. Hätte mich Paris Hilton persönlich so charmant gefragt, wäre ich wohl geneigt gewesen, ihrem Wunsch zu entsprechen, aber sie hatte wahrscheinlich zu der Zeit einen unverschiebbaren Zellenaufenthalt und konnte mich nicht fragen. Eigentlich schade.

Erstaunlicherweise sahen ein knappes Dutzend wei-terer Hotels, besser gesagt deren Mitarbeiter, diese Notwendigkeit nicht. Vielleicht ist der Leistungsbezug doch nur ein Einzelfall, sozusagen das schwarze Schaf.

Das Prinzip offener Hände ist weltweit verbreitet und erfreut sich in allen Bevölkerungsschichten augenscheinlich zunehmender Beliebtheit.

Der Grundgedanke ist ganz einfach: Ich helfe dir, du hilfst mir.

In Köln wird dieses Verhalten auch gerne kölscher Klüngel genannt. Soviel Hilfsbereitschaft ist doch etwas Positives in einer Welt, die zunehmend weniger an den anderen denkt. Eine tolle Sache als solches, wenn es nicht diese Auswüchse gäbe, die weniger freundlich wirken und bei denen mir spontan nicht der Begriff Hilfsbereitschaft in den Sinn kommt.

Diese offenen Hände haben mit sozialer Nächstenliebe oder kölschem Klüngel überhaupt nichts zu tun, vielleicht schon eher mit Vetternwirtschaft. Für eine Leistung, besser noch vor einer Leistung, wird bereits Bares „in der Erwartung von“ in die Ausgestreckte geschoben. Denn nur Bares ist Wahres, sagte schon der wissende Volksmund. So ein bisschen Cash ist doch klasse, wer hat schon was dagegen? Außerdem stinkt Geld nicht – stimmt zumindest bezogen auf die Sinneswahrnehmung.

Aber von Corruptibilidad (Bestechlichkeit) zu sprechen, geht dann doch wohl zu weit; es ist doch eher nur eine gewisse Empfangsbereitschaft vorhanden.

Wenn dann freundliche Menschen einander etwas Gutes in Form von ein paar Banknoten tun wollen, wem wird damit geschadet? Sollte man selbst diese schon fast mildtätige Art unterbinden? Damit würde man den Spender doch vor den Kopf stoßen, und wer will das schon bei soviel Selbstlosigkeit?

Daß ich im Gegenzug, nun leicht stimuliert, gerne eine Brücke baue oder eine Genehmigung zum Bau derselben deutlich befürworte, kann mir doch keiner verwehren. Zumal eine Brücke doch etwas wunderbar Verbindendes hat.

Bei rechtem Licht betrachtet, handeln doch alle

Beteiligten ausgesprochen selbstlos und denken nur an das Wohl der Allgemeinheit. Wirklich lobenswert.

Daß dann schon mal, sozusagen auch von Herzen kommend, eine Gabe in die Hand gelegt wird, ist doch nun wirklich außergewöhnlich sozial.

Schnee auf der Insel

Passend zur Jahreszeit fiel tatsächlich auf unserer schönen Sonneninsel Schnee, zumindest in den Hochlagen – auch die gibt es hier. Die höchste Erhebung in der Sierra de Tramuntana, der Puig Major, schrappt großzügig gerundet zumindest die Marke von knapp 1.500 m.

Als Insel-Frischling war es zumindest für mich eine Premiere. Für "alte Inselhasen" ist auch dies nichts Neues; Sie haben in den letzten Jahren dieses Naturereignis schon mehrfach erlebt. Sind das schon die Vorboten des Klimawandels?

Wie ich gehört habe, soll es jedoch durchaus Regionen auf der Insel geben, in denen ganzjährig Schnee zu sehen ist. Dieser sequentielle Schneefall wird wohl eher durch künstliche, also von Menschenhand herbeigeführte Ereignisse hervorgerufen.

Schnee fällt zu jeder Jahreszeit, sehr lokal und auch nur auf Bestellung; auf Mallorca kann sogar auf die Niederschlagsmenge Einfluß genommen werden.

Auf Partys, in Bars und Diskotheken sowie zu privaten

Anlässen ist das weiße, gar nicht kalte Pulver, schon gesehen worden. Im Vergleich zum Naturschnee verschwindet er schnell, bevorzugt in der Nase.

Mit einer gewissen Überraschung, gepaart wohl auch mit Naivität, habe ich von diesen Schneevorkommen gehört.

Teilzeit- und Gelegenheitsdealer versorgen, ähnlich wie Vollzeitbeschaffer, Ihre schneebegeisterte Abnehmerschaft. Es geht doch nichts über eine freie und globale Marktwirtschaft.

Wobei ich ehrlich gestehen möchte, daß mir der Schnee, auf dem ich als Kind Schlitten gefahren bin und mit dem Schneemänner gebaut wurden, lieber ist.

In diesem Sinne, viel Spaß im oder mit dem Schnee!

Der Blender

Die Insel blendet, nicht nur bei Sonnenschein. Vielleicht werden Touristen nur und das noch gerne von der Sonne geblendet. Die menschliche Blendung und Verblendung auf der schönsten Insel der Welt bleibt ihnen erspart; hierfür ist der Aufenthalt zu kurz, und es fehlt der Kontakt zu den deutschen Einheimischen.

Diese Spezies der hier lebenden Deutschen – vermutlich gibt es diese auch bei anderen Nationalitäten – ist an Einbildung (eine Form der Bildung muß man schließlich haben), gepaart mit einem Höchstmaß an Unverschämtheit und fehlendem Schamgefühl, nicht zu überbieten.

Diese Blender, von denen ich spreche, lieben den Schein, den Sie mit aller Gewalt aufrecht halten, was ihnen auch, zumindest bei den meisten Menschen, gelingt.

Je mehr Menschen ich auf Mallorca kenne und kennenlerne, umso mehr wird mir auch erzählt. Dabei will ich nicht ausschließen, daß mitunter auch der Stille-Post-Effekt eintritt und Gerüchte gestreut werden. Doch selbst unter Berücksichtigung dieser kleinen menschlichen Schwächen bleibt doch noch mehr als genug übrig, was in meinen Ohren wenig angenehm klingt.

So wurden mir in den letzten Monaten vermehrt Dinge berichtet, bei denen ich quasi beim Hören die Hände über dem Kopf zusammengeschlagen habe.

Daß ein ehemaliger Finanzjongleur nach Absitzen seiner Haftstrafe nun auf der Insel lebt, ein Buch über sein zurückliegendes Leben geschrieben und veröffentlicht hat und dieses auch als Vorlage für einen TV-2-Teller gedient hat, ist im grünen Bereich. Daß sein heutiges Leben scheinbar keine wirtschaftlichen Engpässe kennt und das Leben intelligent gestaltet wird, ist möglicherweise für den einen oder anderen schon ethisch nicht mehr ok, aber wohl juristisch korrekt. Wo fängt das Blendwerk an?

Daß es hier trotz Sonne eisbergähnliche Erscheinungen gibt, verwundert mich nicht mehr. Bekanntlich befindet sich beim Eisberg die große Masse unsichtbar unter Wasser. Ähnlich verhält es sich mit den Blendern. Diese zeigen auch nur ihre schöne – scheinbar schöne – Fassade, dahinter verbergen sich jedoch etliche stark brüchige Fassadenteile, die fortwährend gekittet werden, damit im Außen alles beim Alten bleibt.

Man stelle sich eine Person des öffentlichen Lebens vor, die medial bekannt ist und auch regelmäßig in diversen Formaten des deutschen Fernsehens zu sehen ist. Diese soll doch tatsächlich durch private Umstände wirtschaftliche Engpässe haben, was vorkommt, auch in den besten Familien, und kein Beinbruch ist. Dieser entsteht jedoch, wenn man sich auf Geschäfte einläßt, die die schnelle Mark versprechen und in deren Umfeld Leistungen beauftragt und Produkte ohne Bezahlung gekauft werden.

Es gilt schließlich, den Schein aufrecht zu halten, damit das Ego nicht geschwächt wird. Daß dabei Dienstleister und Verkäufer auf der Strecke bleiben, weil sie nicht bezahlt werden, wird ebenso billigend in Kauf genommen wie ein Vertrauens- und Gesichtsverlust.

Den Geschäftspartnern auch weiterhin zu begegnen und in die Augen schauen zu müssen, scheint kein Problem zu sein. Hauptsache, der Schein bleibt gewahrt – bei den meisten zumindest behält der Blender seine Strahlkraft.

Daß damit nicht nur der eigene Ruf, sondern schnell ein ganzer Berufsstand oder gar eine große Gruppe an Residenten in Mißkredit gebracht werden, bleibt ohne Bedeutung.

Es ist schwer, und hier spreche ich aus eigener Erfahrung, sich selbst Niederlagen und Verluste einzugestehen und damit selbstbewußt nach außen hin umzugehen. Auf der Insel kann man durchaus den Eindruck gewinnen, daß hier insbesondere Deutsche leben, die mehr Schein als Sein bevorzugen.

Es soll tatsächlich deutsche Residenten geben, die die hier lebenden und mitunter auch arbeitenden Landsleute in drei Gruppen einteilen.

Blender, die am besten gemieden werden, weil ihnen nicht zu trauen ist. Schnorrer, die sich auf der Insel überhoben haben und Naivität walten ließen, als Sie glaubten, daß Sonne und Meer alles easy going machen. Und last but not least die letzte Gruppe: Die Ehrlichen und mit Bodenhaftung Versehenen. Das sind dann eindeutig die Allerliebsten – in jeder Hinsicht.

Diese Erfahrung macht jeder über kurz oder lang, wenn er länger auf Mallorca lebt – so meine Wahrnehmung.

Markthalle

Ich kann mich noch sehr gut an meinen ersten Einkauf in der Markthalle in Santa Catalina, Palmas angesagtem Multi-Kulti-Stadtteil, erinnern.

Anders als beim touristischen Atmosphäreschnuppern wird man als Neuling, der etliche Lebensmittel frisch einkaufen möchte, unmittelbar mit den Gesetzmäßigkeiten eines Einkaufs im Mercat (katalanisch, kastilisch: Mercado) vertraut gemacht.

Grundvoraussetzung für einen Markteinkauf sind Zeit und Geduld. Beides scheinen Fähigkeiten zu sein, die jeder Mallorquiner mit der Muttermilch aufgesogen hat, gepaart mit der Lust, ein Schwätzchen zu halten.

Für den sonst so getriebenen Nordeuropäer ganz neue Erfahrungen. Hier wird er förmlich ins kalte Wasser geworfen und ihm wird die notwendige Ruhe, der es bedarf, charmant vorgelebt. Auch mir blieb nichts anderes übrig, als mich meinem Schicksal zu ergeben. Wobei ich gestehen muß, daß es mir in dieser südländischen Umgebung recht leicht fällt, meine deutsche Ungeduld abzulegen. Spätestens am zweiten oder dritten Tag nach meiner Inselheimkehr bin ich schon wieder weitestgehend assimiliert.

So stehe ich nun das erste Mal vor einem Obst- und Gemüsestand und wundere mich, daß es keine Schlange gibt. Auch eine Nummerntafel, die über den Nächsten hätte Aufschluß geben können, gibt es nicht. Die kaufwillige Gruppe, fünf Personen, die sich schon bei meinem Eintreffen im näheren Dunstkreis des Standes aufhält, vermittelt mir nicht den gewohnten Eindruck von klaren Strukturen, die ich an der Reihenfolge der zu Bedienenden hätte ablesen können. Alle sind eher willkürlich vor dem Stand und auf dem Gang verteilt. Ich stelle mich, dem Beispiel folgend, ebenfalls in lockerer Formation vor den Stand und harre der Dinge, die da kommen werden.

Ich finde es ausgesprochen spannend, die Art und Weise zu beobachten, wie hier Einkäufe getätigt werden. Gelegenheit hierzu habe ich reichlich, denn bevor ich an der Reihe bin, werden über 20 Minuten vergehen, obwohl zwei Verkäuferinnen bedienen.

Man kennt sich hier, zumindest habe ich den Eindruck, denn ein Schwätzchen gehört dazu, und das kann dauern, was jedoch niemanden zu stören scheint – tranquilo.

Ein Einkauf läuft in etwa so ab: „¿Hola Maria, qué desea?“ „Von den Tomaten, da oben.“[5] Die Verkäuferin greift einige aus der Auslage. „No, die sind zu klein, lieber die links davon.“ Es findet ein Austausch der Tomaten statt. Einpacken, Wiegen und natürlich das Wichtigste vom Tage oder der Zeit zwischen den Einkäufen austauschen, alles parallel. „Algo mas?“[6] „Von den Orangen, bitte.“ Dieses Mal scheint alles nach den Wünschen der Käuferin zu sein. Wieder Einpacken, Wiegen, Plauschen.

„Noch etwas?“ „Zwei Pfund Kartoffeln.“ Die Verkäuferin packt schon fleißig von einer Sorte im näheren Dunstkreis ein, als die Kundin feststellt, daß es außerhalb des Standes eine Sorte gibt, die doch deutlich mehr nach Ihrem Geschmack ist. Wie selbstverständlich, als wäre es das Natürlichste der Welt, wird wieder ausgeladen und von der neu gewählten Kartoffelsorte eingeladen. Alles natürlich begleitet von einem Schwätzchen, welches auch mal dazu führen kann, daß der eigentliche Zweck, das Einkaufen und Verkaufen, in Vergessenheit gerät und eine Pause entsteht. Nachdem etliche der so beliebten kleinen Plastiktüten mit Obst und Gemüse gefüllt sind, kommt endlich der Moment, in dem es ans Bezahlen geht. Für mich gleichbedeutend mit der

5 „Hallo Maria, was darf es sein?“
6 „Noch etwas?“

Sicherheit, daß auch ich bald bedient werde.

Dieses Wartendürfen hat auch seine positiven Seiten. Quasi im Warten erschließt sich das Prinzip der Reihenfolgenbildung. Der erfahrene Markteinkäufer fragt, wer der Letzte ist (quien es el ultimo?), bekommt von Besagtem eine Antwort, sofern er der Sprache mächtig ist, und weiß somit, wen er im Auge zu behalten hat. Darüber hinaus erwidert der Einkaufsprofi dann möglicherweise noch, daß er nur schnell noch einige andere Einkäufe erledigt, und scheint sich sicher zu sein, daß sein Platz freigehalten wird. Hier gelten offensichtlich andere Mechanismen als in Deutschland, wo nach dem Motto „weggegangen – Platz vergangen" gehandelt würde.

Auch ich bin schlußendlich an der Reihe, nur mit dem Unterschied, daß mit mir keiner ein Schwätzchen hält und meine Bedienungszeit untypisch kurz ist. Ob die Planung des nach mir Einkaufenden damit über den Haufen geworfen wurde, weil er effizient, fast deutsch, noch an einem anderen Stand eingekauft hat, ist mir nicht im Gedächtnis geblieben.

So geht Einkaufen mallorquin – tranquilo – immer schön ruhig.

Kontoeröffnung

Eine einfache Sache, könnte man meinen. Dachte ich auch; weit gefehlt.

Zunächst einmal stellt sich die Frage, welcher Bank möchte ich denn mein Geld anvertrauen und, ganz wichtig, wo wird deutsch oder zumindest englisch gesprochen. Der Unbedarfte könnte denken, auf der Insel der Deutschen ist auch das doch fast selbstverständlich. Nein, ist es nicht, so meine Erfahrung.

Also hole ich in meinem Bekanntenkreis Informationen ein. Wer ist bei welcher Bank und warum, welche Erfahrungen wurden gemacht, welche Sprachen werden gesprochen etc. Das Ergebnis hätte ich erahnen können und bringt mich nicht weiter. Genauso gut hätte ich auch würfeln können, was ich dann allerdings nicht tat. Vielmehr entschied ich mich für eine Bank, mit der ein Bekannter über Jahre gute Erfahrungen gemacht hatte und der Filiale auch noch treu geblieben ist, als er vom Südwesten der Insel in den Nordosten umgezogen ist.

Gesagt, getan. Mit scheinbar allen notwendigen Unterlagen bewaffnet, bin ich am frühen Morgen um 8:00 h bei der Bank in Illetes, die mein Vertrauen bekommen soll. Alles läuft ausgezeichnet, auch wenn der deutschsprechende Sachbearbeiter nicht mehr im Unternehmen ist, aber mit Englisch und einer attraktiven Dame sollte es doch auch gehen. Dachte ich zumindest.

Diverse Formblätter weiter erfahre ich, daß der Antrag nicht ad hoc bearbeitet werden kann und Frau noch etwas Zeit benötigt. Ich werde zum Mittag nochmals in die Filia gebeten, dann soll alles geregelt sein. Darüber hinaus wird mir ans Herz gelegt, noch eine Bestätigung der Vermieterin mitzubringen, daß ich nach wie vor in der angemieteten Wohnung wohne und sich der Mietvertrag stillschweigend verlängert hat. Als würde das sonst jemanden auf der Insel interessieren. Ich bin verwundert über soviel Korrektheit in Sachen Verträge.

Kurz vor der Siesta und der Schließungszeit hiesiger Banken um 14:00 h lege ich die gewünschten Unterlagen meiner neuen Sachbearbeiterin auf den Schreibtisch. Diese schaut mich aus treuen braunen Rehaugen an und teilt mir mit, daß es leider noch nicht möglich gewesen sei, meinen Vorgang abschließend zu bearbeiten.

Nicht nur, daß ich ein Vorgang geworden bin, sondern auch die Notwendigkeit, am folgenden Tag nochmals zur Bank zu fahren, verstimmen mich deutlich. Mir bleibt nichts anderes übrig, als am folgenden Morgen nochmals die doch so nette Dame aufzusuchen.

Mit allem habe ich gerechnet, nur nicht damit, daß mir mitgeteilt wird, der Vorgang - schon wieder diese Bezeichnung - könne nicht abschließend bearbeitet werden, da ich nicht in Illetes wohnhaft wäre und eine Kontoeröffnung nur am Wohnort möglich sei. Mir schwillt der Hals, ich muß mich beherrschen, um nicht die Fassung zu verlieren. Daß ich zwei Orte weiter wohne, hatte ich der Dame nicht nur zu Beginn des Erstgespräches mitgeteilt, sondern war auch aus dem Mietvertrag ersichtlich. Konnte sie womöglich nicht lesen oder war des Englischen doch nicht ausreichend mächtig?

Mit Wut im Bauch und sämtlichen Unterlagen wieder im Arm verließ ich diese vermeintlich kompetente Dame. In Deutschland wäre mir das nicht passiert. Da waren sie wieder, diese Vergleiche, was wir Deutschen doch alles besser können. Es half alles nichts, auch wenn mir die Argumentation nicht einleuchtete, mußte ich einen neuen Anlauf unternehmen.

Es sollten jedoch noch etliche Wochen vergehen, bevor ich diesen unternahm. Zu tief saß der Stachel der Verärgerung und die Wut auf soviel Unfähigkeit.

Mittlerweile habe ich ein Konto eröffnet. Alles lief schnell, unkompliziert und reibungslos. Auch diese Bankmitarbeiterin hat braune Augen, ist attraktiv und darüber hinaus mit einem mir gut bekannten Winzer verheiratet, der einen der Top-Rotweine und eines der besten Olivenöle der Insel produziert – beides aus biologischem Anbau.

Einzahlung

Wie in Kölle, so fallen auch auf Mallorca bei der Anmietung einer Wohnung oder eines Hauses Nebenkosten, wie z.B. für Strom, an. An der GESA Endesa, dem hiesigen Energieversorger, kurz GESA, führt kein Weg vorbei, so scheint es. Vielleicht ist die Liberalisierung des Strommarktes noch nicht auf der Insel angekommen oder hat die Residenten nur noch nicht erreicht.

Regen wir uns in Deutschland seit Jahren über steigende Energiekosten auf, schaffen es mitunter auch durch Anbieterwechsel den zu starken Preisanstieg ein wenig einzudämmen - unter dem Strich finden wir uns doch mit der Situation ab. Einmal im Jahr gibt es eine Abrechnung, oftmals mit Nachzahlung, monatlich wird die Abschlagszahlung bequem vom Konto abgebucht, ohne daß es wirklich auffällt oder wir noch einen Gedanken an diese doch im Grunde viel zu hohen Kosten verschwenden.

Im Rahmen des Notwendigen doch alles ganz einfach und bequem. Selbst wenn es mal Beschwerden oder Reklamationen gibt. Telefonisch und/oder per Schreiben wird geantwortet, geregelt und in überwiegender Anzahl der Fälle sicherlich auch das Problem gelöst.

Vergessen Sie Ihre deutschen Erfahrungen mit Energieversorgern und freuen sich auf reichlich neue. Nicht nur auf Mallorca ticken die Uhren anders, sie ticken insbesondere bei der GESA komplett anders.

Zum Jahreswechsel 2008/2009 wurde die Abschlagszahlung vom zweimonatlichen Rhythmus auf monatlich umgestellt. Hierdurch gab es über Monate falsche und überhöhte Abrechnungen, die Spanier und Residenten gleichermaßen auf die Palme brachte. Die Tageszeitungen berichteten fortwährend hierüber, gaben Tips und Hinweise, wie man sich zur Wehr setzen könnte.

Erklärend sein noch hinzugefügt, daß der Abschlag eher eine Abrechnung des tatsächlichen Verbrauchs darstellt, also anders als in Deutschland. Diese Berechnungsweise scheint jedoch auf Grund der technischen und menschlichen Ressourcen etwas zu komplex gewesen zu sein, als daß man sie so schnell hätte umsetzen können. Wahrscheinlich tritt diese Änderung ebenso plötzlich auf wie Weihnachten und Ostern.

In meiner grenzenlosen Fehleinschätzung der Möglichkeiten als Mieter und als Kunde, bringt mich meine Vermieterin erst einmal auf die Spur. Eine Rechnungsbeschwerde per Einschreiben solle ich mir schenken, die Zeit könnte ich mir sparen, so die Vermieter-Empfehlung. „Willst Du etwas von der GESA, mußt Du persönlich vorsprechen, schreiben nützt nichts, diese werden nicht beantwortet.“ Hier spricht eine nahezu zwei Jahrzehnte lange Erfahrung mit dem Monopolisten. Vorsprechen, ohne der mallorquinischen Sprache oder zumindest des Castellano mächtig zu sein, würde mich nicht weiterbringen, und einen Dolmetscher mitnehmen, finde ich dann doch auch etwas zu aufwendig. Da bleibt mir wohl nichts anderes übrig, als zu zahlen und mich der kundenfreundlichen Art des Stromanbieters zu beugen.

Auch meine Vermieterin will, kann nicht helfen, da in ihrer Eigentumswohnung der Stromanschluß noch auf die vormalige Eigentümerin läuft. Gibt es nicht, doch auf Mallorca schon. Vor diesem Hintergrund wird dann auch sehr schnell deutlich, daß Beschwerden, in welcher Form auch immer vorgetragen, etwas schwierig durchzusetzen sind.

Der erfahrene deutsche Eigenheimbesitzer könnte jetzt einwenden, daß mit dem Erwerb einer Immobilie auch der Versorger über den Wechsel der Eigentumsverhältnisse informiert wird. Stimmt, wäre auf der Insel theoretisch auch möglich. Dagegen könnte beispielsweise sprechen, daß zunächst der Strom abgestellt und dann aufwendig sowie kostenpflichtig neue Technik installiert wird – klingt vernünftig, marode Technik auszutauschen. Das südländische Lebensgefühl wird jedoch nicht immer von Vernunft, sondern oftmals von Pragmatismus geprägt; dies gilt im übrigen auch für Deutsche, die länger im Süden leben. In Deutschland würden wir nun an mögliche Schäden denken, an Kurzschlüsse, an Brandschäden oder Ähnliches, nicht so auf der Insel. Warum auch, wenn es anders funktioniert? Hinweg mit der deutschen Schwarzmalerei und übertriebenen korrekten Art; es hilft ein wenig Flexibilität und Anpassungsfähigkeit.

Daß die monatlichen Kosten nicht abgebucht werden können, ohne daß unliebsame Fragen gestellt werden, versteht sich quasi von selbst. Es bleibt somit nur der Weg der Einzahlung. Ja, diese Zahlungsart gibt es noch und ist durchaus üblich und weit verbreitet auf des Deutschen liebster Insel. Auch nicht weiter tragisch, kann man sich doch auf diese Weise etwas zusätzliche Bewegung verschaffen und eine Poststelle aufsuchen, um die Anweisung dort vorzunehmen. Schließlich muß doch alles korrekt und ordnungsgemäß verlaufen. So finde ich mich einmal im Monat bei der Post ein, um die Einzahlung für die GESA zu entrichten. Nur mit dem Stempeln und der damit verbundenen Einzahlungsbestätigung bin ich halbwegs sicher, daß mir der Strom nicht wegen ausgebliebener Zahlung abgeschaltet wird. Das soll, so berichten mir Bekannte, die schon seit Jahren auf der Insel leben, schon mal recht schnell passieren.

Alles fließt – der Strom aus der Steckdose, mein Geld aus dem Portemonnaie.

Vertrag ist Vertrag

Wenn Sie glauben, der ehemalige Monopolist und heutige magentafarbene Telekommunikationskonzern in Deutschland sein schwerfällig und hätte möglicherweise noch zu viel von seiner ehemaligen Beamtenstruktur, dann werfen Sie einen Blick auf das spanische Pendant auf Mallorca.

Können Sie sich noch an die wunderbar gestalteten Wählscheibentelefone in den Farben elfenbein, mausgrau und bordauxrot erinnern? Und an die monatliche Berechnug einer Miete für diese Geräte? Wissen Sie noch, ob Sie Ihr Telefon im Zuge der Liberalisierung zurückgegeben oder entsorgt haben? Ich kann mich nicht mehr erinnern.

Spätestens mit der kompletten Liberalisierung 1997 in Deutschland sind die Mietgeräte auch von der Rechnung verschwunden; vorausgesetzt natürlich, daß kein Telekom-Gerät mehr genutzt wurde.

Auf Mallorca habe ich eine, zumindest aus der Entfernung des nicht unmittelbar Betroffenen, amüsante Geschichte erleben dürfen.

Die Telefonica, das spanische Pendant zum Bonner Konzern, hatte und hat scheinbar immer noch die Praxis, daß Uralt-Geräte in Rechnung gestellt werden. Mit meiner Vermieterin prüfte ich etliche ihrer Rechnungen, da der Eindruck entstanden war, es würde nicht korrekt abgerechnet. Soll schon mal vorkommen, auch in Deutschland.

Bei dieser Prüfung fiel uns ein vergleichsweise kleiner Betrag auf, den wir erst nach intensiver Prüfung einem längst ausgedienten Leihgerät – sie wissen schon, diese schönen grauen – zuordnen konnten.

Die Hotline anrufen und auf den vermeintlichen Fehler hinweisen, ist das eine, auf Akzeptanz zu stoßen das andere. Ein Gerät, welches nicht zurückgegeben und dessen Mietvertrag nicht gekündigt wurde, muß berechnet werden. Ob es noch genutzt wird oder überhaupt noch existent ist, spielt keine Rolle; formaljuristisch wohl richtig.

So läßt sich auch mit kleinen Beträgen zwischen einem und zwei Euro Geld machen. Vorausgesetzt, es gibt eine entsprechende Anzahl an Nicht-Rechnungsprüfern und Miet Telefon-Besitzern; wovon ich ausgehe. Da kommt schnell eine 6-stellige Summe pro Jahr zusammen. Wer würde schon gerne hierauf verzichten wollen?

Nach mehrere Telefonaten konnte man sich schlußendlich darauf verständigen, das Gerät von der Rechnung zu nehmen und es als quasi zurückgegeben anzusehen. Doch vor diesem Schritt war viel Überzeugungskraft und Einfühlvermögen in das Seelenleben der unterschiedlichen Telefonica-Mitarbeiter aufzuwenden. Umso mehr, als es zwischenzeitlich die Überlegung eines dienstbeflissenen Mitarbeiters gab, für das „verloren gemeldete" Telefon eine Entschädigungszahlung zu erheben. Was ihn schlußendlich von seinem Realitätsverlust befreite und meine Vermieterin von Zusatzkosten, vermag ich nicht zu sagen.

Dieser „Formaljurismus" wird leider auch von einigen Telekommunikationsunternehmen in Deutschland betrieben. Mein Kölner Anbieter verfuhr zumindest bis vor zwei Jahren auch so; nach Kündigung meines Vertrags sollte ich einen über knapp 10 Jahre genutzten Router (oder war es ein Modem?) zurückgeben. „Sollte dies nicht bis zu einem Datum X passiert sein, würde man mir das Gerät in Rechnung stellen", wurde mir in der Kündigungsbestätigung mitgeteilt. Ich brachte dieses doch so wichtige Gerät persönlich zurück und wollte am Empfang eine Eingangsbestätigung haben. Erstaunlicherweise war die Dame auf dieses scheinbar befremdliche Ansinnen nicht vorbereitet. Da mußte Kunde vor Ort handschriftlich einen entsprechenden Einzeiler aufsetzen, den die reizende Dame dann unterzeichnen konnte und wollte. Ob sie berechtigt war, fragte ich lieber nicht.

Was für ein Irrsinn; war das Gerät doch dreimal abgeschrieben und nur noch für den Schredder zu verwenden, wo es sicherlich auch gelandet ist, auf Kosten des Unternehmens. Vergleichbares gibt es im übrigen in Deutschland auch mit SIM-Karten von gekündigten Verträgen. Es lebe die schwachsinnige, kundenfeindliche Regelwut einiger Paragraphenreiter.

Vertreibung aus dem Paradies

In einer der beiden deutschsprachigen Wochenzeitungen auf Mallorca las ich zum wiederholten Mal einen Beitrag zur geplanten Sanierung der Platja de Palma und des ebenfalls geplanten Baus der Straßenbahnstrecke vom Plaza Espania bis zum Flughafen. Vom Grundsatz interessante Projekte, würden sie nicht auf Grund leerer Kassen, Wahlkampf, schlechter interner und externer Kommunikation und möglicher Korruptionsanschuldigungen immer wieder neu erfunden werden müssen.

Man könnte fast sagen: Denn sie wissen nicht, was sie tun. Diese Meinung könnte der interessierte Inselgast durchaus teilen. In einem Punkt habe ich durchaus den Eindruck, daß der Blick der hiesigen Politik für das Wesentliche leicht verklärt ist.

Immer wieder wird im Rahmen der Platja-Verschönerung auch von nicht mehr zeitgemäßen 3-Sterne-Hotels, den Bausünden der 70er und 80er Jahre, der Lärmbelästigung und den trink- sowie feierfreudigen deutschen Touristen gesprochen.

Waren Sie schon mal an der Platja de Palma, die wir in Deutschland gerne vereinfacht als Ballermann oder als Arenal bezeichnen?

Mit beiden Bezeichnungen liegen wir nicht nur falsch, sondern werten damit, oft unwissend, den größten Teil der Platja ab, die schöner ist, als ihr Ruf vermuten läßt. Der Fischerort S´Arenal liegt am östlichen Ende der weitläufigen Strandpromenade; hier befindet sich Balneario Nr. 1. Vom „deutschen Ballermann", Nr. 6, ist dieses Städtchen rund 2,5 km entfernt. Die Teutonen-Spaß-Meile dehnt sich, großzügig gerechnet, in einem Radius von 1km um den Balneario 6 aus. Somit ein vergleichsweise kleines Gebiet, welches in der medialen Wirklichkeit und der unwissenden Öffentlichkeit größer gemacht wird, als es ist.

Tatsächlich ist die gesamte Platja ein wunderschöner, rund 6 km langer Sandstrand mit einer breiten Promenade und einer Straße, die fast ausschließlich von Fahrradfahrern, der Touristen-Bimmelbahn und vom Zulieferer-Verkehr genutzt wird. Über die gesamte Länge verteilt sind die sogenannten Balnearios (Strandbars), 15 an der Zahl. Das sind mittlerweile gefällig gestylte, saubere Aluminium-Hütten mit Außensitzplätzen, an denen Snacks und Getränke angeboten werden. Dies alles ist für eine Touristen-Hochburg sehr sauber.

Wer mal morgens um 7:00 h an der Platja spazieren oder joggen geht, wird etliche Trupps der Stadtreinigung sehen, die den Strand, die Mülleimer sowie Straße und Fußweg vom nächtlich angehäuften Müll befreien.

Ich frage mich immer, was soll hier noch schöner gemacht werden? Sollen hier die stellenweise wenig schönen Gebäude in der ersten Linie sowie in den folgenden gesprengt werden? Haben wir es hier nur mit Augenwischerei, mit Kosmetik der Regierenden zu tun? Ist der wahre Grund die Vertreibung der trinkfreudigen Teutonen aus dem Insel-Paradies?

Über Jahrzehnte haben insbesondere auch die Mallorquiner gerade an der Zielgruppe von Mai bis Oktober Jahr für Jahr gut verdient und scheinen das auch immer noch zu tun. Da die Politik z.Zt. nicht aus dem Vollen schöpfen kann und möglicherweise auch die Rechnung ohne die Wirte gemacht hat, wird wohl erst mal alles beim alten bleiben.

Mitunter bin ich über die politische Lust zur Vertreibung von trinkenden und feiernden Teutonen schon verwundert. Aber vielleicht liegt es auch nur an der exponierten Lage des Orts für diese Art des Urlaubs, direkt vor den Toren Palmas, wo sich nahezu jeder Tourist mal hin verirrt.

Das britische Pendant zum feuchtfröhlichen Gelage ist rund 30 km weiter südwestlich von Palma, in Magaluf gelegen. Eine ganze Stadt als große Besäufnis- und Partystätte; das haben die Engländer intelligent geregelt. Soviel Fläche auf einmal sprengen, kommt scheinbar den sonst so kreativen Regierenden nicht in den Sinn.

Warum nur? Sieht so die politisch geduldete Enklave für den britischen Trink- und Feierurlaub aus? Vielleicht, weil der Raum scharf genug abgegrenzt und weit genug von Palma entfernt ist? Möglicherweise auch nur, weil die Wahrscheinlichkeit, daß sich ein Tourist hierhin verläuft, gegen Null ist?

Ist sie leider nicht. Zwei Freunden und mir ist es an einem schönen Sonntag im letzten Sommer so ergangen. Aus einer Laune heraus, weil einer der beiden diese englische Hochburg nicht kannte, wollten wir nach einem entspannten und schönen Mittagessen an der Platja de Illetes einen Beach Club in Magaluf besuchen. Auch wenn wir wußten, was auf uns zukommt, waren wir dennoch überrascht von soviel Tristesse und lebenden Klischees in der Hauptsaison. Wohin das Auge auch schaut, es sieht nur vergleichsweise dicke oder zumindest stämmig gebaute Menschen, in wenig modischer Kleidung gewandet und tätowiert. Darüber hinaus architektonische Sünden der 70er des letzten Jahrhunderts sowie Bars und Kneipen mit viel Neonwerbung. Die Musik benachbarter Lokale überlagert sich auf der Straße zu einer nur noch lauten Kakophonie. Schön ist anders.

Wenn Sie es nicht glauben, verfahren Sie sich mal gezielt beim nächsten Mallorca-Aufenthalt. Nein, lassen Sie es besser; der Eindruck würde das schöne Inselbild zu stark trüben.

NIE-Nummer

Wer auf Mallorca, respektive in Spanien leben und arbeiten will, ein Unternehmen gründen oder eine Immobilie erwerben möchte, der benötigt eine sogenannte NIE-Nummer (Numero de Identificación de Extranjeros).

Wer glaubt, man ginge mal eben zu dem zuständigen Amt (Extranjeria, Ausländeramt), lasse sich diese Nummer erteilen, bezahle eine Bearbeitungsgebühr und fertig, der hat sich getäuscht. So einfach ist es auch bei der spanischen Bürokratie nicht.

Eine befreundete Steuerberaterin hatte mich schon vorgewarnt und mich mit den skurril anmutenden Besonderheiten des Systems vertraut gemacht. „Gehe ganz früh, möglichst eine halbe Stunde, besser eine Stunde vor der Öffnung des Amtes dorthin und warte. Mit jeder Minute wird die Masse der Behördengänger größer und die Schlange länger."

Gesagt, getan. Nur bin ich beim falschen Amt und in der falschen Schlange, die im Grunde diese Bezeichnung auch nicht verdient hat. Ich hatte mich schon über die wenigen Amtsgänger, die mit mir warteten, gewundert und gefreut. Das für NIE-Nummern zuständige Amt ist einen Häuserblock weiter. Das nennt man dann wohl Pech gehabt oder dumm gelaufen. Wer die Sprache nicht beherrscht, den bestraft das Leben.

Einen Block weiter, es ist mittlerweile nach 9:00 Uhr, passiert, was passieren muß, ich stehe in einer Schlange, die den Namen mehr als verdient. Gefühlte 200 m Menschenmassen wollen alle in ein und dasselbe Amt. Auch wenn der Vergleich hinkt, so erinnert mich die Menge an die Schlange vor einem Kino Ende der 70er Jahre in London, in dem der Film „Saturday Night Fever" mit John Travolta gezeigt wurde. Der einzige Unterschied zu damals ist der, daß ich dieses Mal nicht wählen kann, ob ich mich einreihen will oder nicht.

Im Sommer ist die Sonne auf Mallorca auch schon um diese Uhrzeit kräftig und warm. Alles andere als optimale Voraussetzungen, um zu warten; nur Regen wäre schlimmer gewesen, schließlich stehen wir wartend unter freiem Himmel.

Gute zwei Stunden weiter stehe ich vor der Tür zum Amt, eine weitere Stunde später habe ich nach Nummerziehen und Warten in einem überfüllten Warteraum endlich den Schreibtisch eines Sachbearbeiters für

Ciudadano Comunitario (EU-Bürger) er-reicht. Wie wohltuend, herrschte doch im Vorraum eine drückende, schwüle Luft, geschwängert von allerlei Ausdünstungen, einhergehend mit einer Geräuschkulisse von zum Teil schreienden und spielenden Kindern und einem Sprachenwirrwar – hier scheinen halb Osteuropa und Schwarzafrka zu sitzen.

Der formale Teil ist schnell erledigt, zumindest größtenteils. Für den zweiten Teil, die Bezahlung der Bearbeitungsgebühr von gut 16,- Euro, muß ich das Haus wieder verlassen. Es wäre schließlich auch zu einfach und effizient, wenn ich die paar Euro an einem Kassenschalter innerhalb der Behörde entrichten könnte, so wie in deutschen Amtsstuben. Auf diesen sympathischen kleinen Unterschied war ich im Vorfeld schon hingewiesen worden, so daß es für mich keine Überraschung ist. Vorbereitung ist schließlich alles, auch was die Wahl des Wochentages für diesen Amtsgang betrifft.

Besagte Steuerberaterin hatte mir auch empfohlen, an einem Dienstag oder einem Donnerstag meine NIE-Nummer zu beantragen, weil die Banken nur an diesen Tagen diese Einzahlungen annehmen. Ob dies tatsächlich auch im Jahr 2009 noch seine Richtigkeit hat, will ich nicht ausprobieren und folge sicherheitshalber ungeprüft dem Rat. Nur zu gut kann ich mir solche im

Grunde abwegige Regeln vorstellen.

Gesagt, getan. Ich finde eine Bank gute fünf Autominuten entfernt, erreiche diese auch noch innerhalb der Öffnungszeit vor 14:00 h, so daß der Einzahlung nichts mehr im Wege steht. Alles andere hätte mich auch um Tage zurückgeworfen. Sie erinnern sich an diese Dienstag-Donnerstag-Regel sowie die magische Arbeitswilligkeit bis 14:00 h. Aber all diese negativen Eventualitäten sind mir erspart geblieben. Auch die Schließung des Meldeamtes zur Siesta und für den Tag.

Der Rest ist nur noch Formsache. Über den Ausgang gelangt man, einmal ortskundig, deutlich schneller zum Ziel, an den Schreibtisch des zuständigen Sachbearbeiters, der tatsächlich in einem beamtenuntypischen Tempo das Zertifikat mit der gewünschten NIE-Nummer ausdruckt, abstempelt und mir zu meinem Glück auch noch aushändigt.

Alles in allem hat der ganze Spaß doch nur gute viereinhalb Stunden gedauert.

Ohne geht nicht

Das Handy, in anderen Ländern auch GSM, Mobile, Mobieltje, Zaktelefoon, Telefonio oder Movil genannt, ist der schnurlose Enkel des klassischen Telefons mit Wählscheibe. Der eine oder andere wird sich noch an diese Zeit erinnern, in der alleine der Wählvorgang Zeit in Anspruch nahm und von einem typischen Schleifgeräusch der Scheibe begleitet wurde. Bevor zuviel Nostalgie aufkommt, zurück in die Gegenwart, in der diese Dinos der Telekommunikation ausgestorben sind.

Wie der Name schon sagt, läßt sich das Handy mühelos und leicht in der Hand halten. Je nach Fingerlänge und -dicke versteht es insbesondere Frau, vor allem die Generation U30, ausgezeichnet, die Tastatur zum Zwecke der schriftlichen Kommunikationsübermittlung – SMS genannt – zu nutzen. Mann greift lieber zum nicht mehr vorhandenen Hörer, vielleicht weil seine Finger nicht ganz so grazil und schon beim Tippen der Rufnummer im Wege sind. Kurzum, Mann telefoniert, was zu Urzeiten das ausschließliche Merkmal eines Telefons war.

Mittlerweile sind wir einige Generationen technischen Fortschritts weiter, und so versteht es sich von selbst, daß ein Handy, also ein schnurloses Telefon, auch Fotos machen kann, als Diktiergerät fungiert und wahrscheinlich bald auch noch bügeln kann. Die Entwicklungen und Trends sind eben nicht aufzuhalten.

Lediglich durch die nicht sterben wollenden und vergleichsweise gut betuchten Generationen der Ü60er wird wohl doch noch ein latenter Druck auf die Industrie ausgeübt. Diese noch nicht ausreichend erkannte und damit gewürdigte Käuferschicht schreit förmlich nach Handys mit bloßen Funktionen aus der Zeit Wilhelm Bells – ich im übrigen auch. Das Handy soll nur telefonieren können, maximal noch den Dienst des Short-Message-Services haben, große Tastaturen und Bildschirme, neudeutsch Displays, aufweisen. Sehhilfen, mangelnde technische Affinität, Bewußtsein für Altbewährtes und Bekanntes machen alle weiteren Funktionen sowie technisch denkbare kleinere Formate eher unbeliebt. Auch führen sie zu einer Verweigerungshaltung beim Kauf oder spätestens danach zur Nichtnutzung der unnützen Funktionsvielfalt.

Die Nutzung der Handys ist so einfach wie vielfältig, zumindest für einen Großteil der Nutzer. Als diese noch Mobil-Telefone hießen, waren Sie auch maximal als mobil zu bezeichnen. Handlich und damit bequem tragbar waren Sie nicht. Aktentaschengroße, telekommunikationsfähige Geräte wurden vornehmlich vom erfolgreichen Geschäftsmann zum Zwecke der nach außen dargestellten Bedeutungsschwere seiner Person mit auf die Baustelle oder auf Reisen genommen. Sie hatten eine ebenso potenzsteigernde Wirkung wie ein großer Auspuff an einem aufgemotzten Kleinwagen. Mann glaubt an die Potenzverstärker, weil es wohl immer noch genügend Frauen – nicht nur blonde – gibt, die, ohne was in der Hand zu haben, Potenz mit Optik verwechseln.

Nachdem die Epoche der Bedeutungsschwere eines Menschen an seiner reinen Verfügbarkeit überwunden ist, geht nun der Trend zum Zweit- oder Drittgerät, welches man (Frau oder Mann) heute zur Dokumentation seiner Bedeutung mit sich trägt. Das zweite Handy befindet sich im Auto oder beim Opernbesuch, Presseball oder sonstigen Veranstaltungen, bei denen Frau nur mit einer Handtasche à la miniature auskommen muß, am Strumpfhalter, was durchaus eine gewisse erotische Note bekommt, wenn es klingelt, piept, brummt oder vibriert. Im Falle eines Strumpf-halter-Handys muß es flach und klein sein. Ansonsten ist dieses Format völlig untauglich für Frau, da eine immer wiederkehrende Suche die Folge ist, weil zu klein. Da Frau mit kleinen Dingen nicht umgehen kann, ist für den Alltagsbetrieb ein großes, robustes Teil von nöten, welches auch mal aus dem Einkaufskorb fallen kann oder in der üblichen Maxi-Version der Handtasche doch eine Chance auf Wiederfinden hat.

Nun noch zum Dritthandy, dem dritten Gerät von Mann oder Frau. Es ist einfach da, wozu, ist mir immer noch ein Rätsel, zumindest bei der breiten Masse. Bei mir hat es dagegen eine ganz wesentliche und damit wichtige Bedeutung. Ich nutze es ungefähr einmal im Monat für Fax- und/oder Mail-Kommunikation, die übrige Zeit nur zum Schreiben von SMS, weil dieses Gerät als kultiger Klassiker über eine richtige und nutzbare Tastatur verfügt, die ich im Zwei-Finger-Adler-Suchsystem hier ebenso virtuos bedienen kann wie an meinem PC. Zu-ge-geben, über diese Funktionen verfügt mittlerweile nahezu jedes Handy, aber ein wenig Luxus, Dekadenz und Althergebrachtes muß doch schon sein; Mann gönnt sich doch sonst nichts.

Liebeserklärung

"Wenn Du das Paradies ertragen kannst, komm nach Mallorca." Gertrude Stein (amerikanische Schriftstellerin), der dieses Zitat zugeschrieben wird, hat recht. Wer sich auf die Insel einläßt und sie abseits von den Touristenhochburgen bereist, wird sie immer wieder neu entdecken, viel unbekanntes und unerwartetes erleben. Um Mallorca wirklich kennenzulernen sind Jahre notwendig, doch findet man immer wieder etwas atemberaubendes und schönes.

Wenn ich auf der Insel lande, geht direkt eine Veränderung in mir vor. Ein angenehmes, wohliges Gefühl breitet sich aus, gepaart mit der Gewißheit angekommen und zuhause zu sein. Der schönste Moment für mich ist, wenn ich das Terminal verlasse und zum Parkhaus rüber gehe. Der eine oder andere kann das vielleicht nachvollziehen und sieht sich möglicherweise nun auch gehen. Die Luft ist leicht kerosingeschwängert, dennoch fühlt sie sich weich, ja sauber an. Eine Prise Salz liegt in ihr, ein lauer Wind weht vom Meer und das Gewusel um mich herum nehme ich nur am Rande war – hier und jetzt atme ich auf und durch.

Die wahrscheinlichst schönsten Naturbeschreibungen entstammen der Feder von George Sand[7], die mit ihren Kindern und ihrem Liebhaber Frederique Chopin einen Winter auf Mallorca (1838/ 39) verbrachte. Trotz ihrer schlechten Erfahrungen und den etlichen negativen Begleiterscheinungen finden sich in ihrem Buch wunderschöne, sinnlichste Liebeserklärungen, von denen ich Ihnen nachfolgend meine Favoriten vorstelle:

"Auf Mallorca sah ich das Meer, wie ich es mir erträumt hatte."

„Auf Mallorca blüht sie [die Natur] unter den Küssen eines glühenden Himmels und lächelt unter den sanften Stürmen, die sie beim Überqueren der Meere streifen."

Wer von Ihnen schon mal im Tramuntana-Gebirge war (siehe hierzu auch meine Tips am Ende des Buches oder Es Pontas an der Cala Santanyi kennt, wird das folgende Zitat sofort bestätigen können.

„Alles, was Dichter und Maler sich erträumen können, hat die Natur hier geschaffen: ein gewaltiges Ganzes mit unendlichen Einzelheiten in unerschöpflicher Viel-

---

7 George Sand, aus ihrem Buch „Ein Winter auf Mallorca", Originaltitel Un Hiver à Majorque 1842, Erstveröffentlichung in Deutschland 1842.

falt, wirre Formen, scharfe Konturen, verschwommene Tiefen, alles ist vorhanden, und Kunst könnte dem nichts hinzufügen."

Epilog

Mallorca polarisiert wie kaum ein anderes Urlaubsziel. Jeder kennt die Insel, nicht immer aus eigener Erfahrung, aber mitreden kann jeder, und sie scheint sich auch jedem schnell zu erschließen, zumindest virtuell, dank der leichten Recherche über das Internet.

Mallorca hat mehr als die mediale Schwarz-Weiß-Wirklichkeit zu bieten. Es gibt mehr als nur Ballermann, versnobte Superreiche und Touristen, die zu Tausenden zu einem Café pilgern, um einen Blick auf eine dümmlich wirkende Blondine zu erhaschen. Dieses vordergründige und oberflächliche Inselbild verkauft sich leider immer wieder gut, nicht nur im Sommerloch.

Mallorca hat viel mehr zu bieten als diese Klischees. Wer bereit ist, seine eigenen Erfahrungen zu machen, wird eine vergleichsweise große, ausgesprochen vielschichtige und abwechslungsreiche Insel kennenlernen. Für mich ist es ein traumhaft schöner Flecken Erde, der mir trotz Massentourismus noch reichlich ursprüngliche und ruhige Regionen bietet. Darüber hinaus sind die klimatischen Bedingungen, nicht nur für Allergiker, schon fast paradiesisch.

Es kommt daher nicht von ungefähr, daß Frederic Chopin Mallorca so treffend als „die schönste Idylle der Welt" bezeichnet hat. Und dies trotz seiner von Krankheit und weiteren Komplikationen belasteten Monate während seines Aufenthalts im Winter 1838/39.

Entdecken Sie die schönste Idylle für sich. Vor diesem Hintergrund im nachfolgenden für Sie eine kleine Auswahl rein subjektiver Tips, die Ihnen vielleicht Appetit machen, das andere Mallorca zu erleben, zu erfahren und mit allen Sinnen zu genießen.

Viel Spaß bei „meinen Best Of" aus den unterschiedlichen Bereichen.

Tips

für genussvolle Stunden auf Mallorca

Unterstützt durch *Die Genusswelten*, dem Spezialisten für GenussReisen.

Bücher

Mallorca, ein Jahr

Heinrich Breloer und Frank Schauhoff

Verlag Kiepenheuer & Witsch, Köln

Ein Jahr auf Mallorca

Marie Roth

Verlag Herder, Freiburg im Breisgau

Ein Winter auf Mallorca

George Sand

Marix Verlag, Wiesbaden

Cafés in Palma

Wer es heiß, stark und süß mag, kommt hier auf seine Kosten. Kaffee, Trinkschokolade, Ensaimada und Kuchen; probieren Sie am besten alles. In die beiden erstgenannten Cafés verlieren sich selten Touristen.

Can Joan de s´Aigo

(reinster Jugendstil, zweitältestes Café Palmas, das Can Joan in der Carrer de Sanc 10 ist das älteste)

Carrer del Baró Santa Maria 5

07012 Palma

Fon: +34. 971. 72 57 60

Can´ Ignasi de Pollenca

Passeig de Mallorca 16

07012 Palma

Fon: +34. 971. 22 74 65

Die beiden nachfolgenden, nebeneinander liegenden Cafés sind wunderbare Plätze, um das rege Treiben auf der Straße zu beobachten. Gleichzeitig können Sie hier den Duft und das Flair eines knappen Jahrhunderts in sich aufnehmen.

Forn d'es Teatre

(auffallende grüne Jugendstilfassade, gilt als die älteste Bäckerei Palmas)

Plaza Weyler 9

07001 Palma

Fon: +34. 971. 71 52 54

Bar Central

Plaza Weyler 10

07001 Palma

Fon: +34. 971. 72 10 58

Restaurants & Bistros inselweit

Eine Tischreservierung ist bei den Restaurants sinnvoll.

Restaurante El Patio

Ctra. d'es Port, 26

07157 Andratx

Fon: +34. 971. 67 17 03

Der Gourmet-Tempel im Süden hat im Sommer 2010 eröffnet. Jens Krumbiegel, bekannt vom Restaurant „Jens" in Camp de Mar, zelebriert mit seinem Team kulinarische Highlights mit viel Herzblut und Raffinesse. Im Patio oder im Restaurant zu sitzen und zu speisen ist Genuss pur.

La Fromagerie

Calle Anibal 13

07013 Palma (Santa Catalina)

Fon: +34. 971. 71 90 97

In unmittelbarer Nähe zur kleinen Markthalle im Multi-Kulti-Stadtteil Santa Catalina liegt dieses neue Geschäft. Ausgefallene Käsesorten kredenzt mit ebenso ausgefallenen Weinen können Sie angenehm im Bistro oder auf der Straße genießen. Versäumen Sie es nicht sich auch Käse mitzunehmen – das Angebot ist einmalig auf der Insel.

Taberna La 5 a Puñeta

Carrer Caputxines 3

07003 Palma (Centro)

Fon: +34. 971. 71 15 71

„Wo der Hund begraben ist", so lautet der Name der Tapasbar frei übersetzt, ist alles andere als tot. Frische und ausgefallene Tapas sind Programm, nahezu touristenfreie Zone und internationales Personal.

Bistro 13%

Calle San Feliu 13a

07012 Palma, La Llonja-Viertel

Fon: +34. 971. 42 51 87

Seit Jahre angesagtes Bistro-Restaurant mit tollen und vor allem frischen Gerichten. Sehr zu empfehlen sind die Tapas-Variationen und die große Auswahl an mallorquinischen Weinen. Es gibt kaum ein vergleichbar großes Sortiment an Inselweinen; Ausnahme Vinotheken.

SIMPLY FOSH

im Hotel Convent de la Missio

Carrer de la Missió, 7A

07003 Palma (Centro)

Fon: +34. 971. 72 01 14

Seit April 2009 der Gourmet-Tempel für die Fans des britischen Sternekochs Marc Fosh. Tolles Ambiente in alten Klostermauern, die Küche „stripped down", wie Marc es nennt; international, mediterran mit einer Prise Extravaganz.

Restaurante AGAPANTO

Camino del faro, 2

07108 Puerto de Sóller

Fon: +34. 971. 63 38 60

Flor del amor – die Blume der Liebe ist nicht nur für Verliebte. Bei Maria genießen Sie mit allen Sinnen – Augenschmaus (Terrasse direkt am Strand, mit Blick auf den Hafen) und Gaumenfreuden sind garantiert. Gönnen Sie sich diese Genüsse und verbringen hier einige Stunden.

El Restaurante Gaudi

im Hotel Sant Salvador

Calle Castellet, 7 (neben der Kirche)

07570 Artà

Fon: +34. 971. 829 555

Ein stilvolles kleines Restaurant in einem ausgefallenen Design-Hotel. Hier ist ein idyllischer Ort zum Rasten und Ruhen, an dem der zukünftige Sternekoch Lukas Meyers den Gaumen verwöhnt; Genuss mit allen Sinnen scheint Programm zu sein. Der beschwerliche kurze Fußmarsch vom Ortszentrum lohnt sich; mit dem Auto ist es einfacher. Entscheiden Sie nach Ihrem Gusto.

Restaurante PURA VIDA

Calle de Tomarinar 25

07659 Cala Figuera (de Santanyi)

Fon: +34. 971. 16 55 71

Auf einem Felsplateau, hoch über dem Meer gelegen, genießen Sie die Weite; wunderbare Symbiose aus Kulinarik und Natur. Caro und Calle kredenzen seit Jahren Ausgezeichnetes vom Lande und aus dem Meer. Nehmen Sie sich Zeit.

Restaurante Mirador de Cabrera

Calle de Murillo 8

07639 Pas de Valgornera (Cala Pi)

Fon: +34. 971. 12 33 38

Die Anfahrt ist etwas beschwerlich, muß man doch scheinbar zum Ende der Welt. Einmal angekommen, wird man entschädigt. Die Terrasse mit einer wunderschönen Aussicht auf die „Ziegeninsel“ Cabrera, be-sonders romantisch, wenn sich der Horizont vor dem Untergang der Sonne verfärbt, sorgt für visuelle Entschädigung. Promikoch Jörg, der seit Jahren auf Top-Niveau kocht, sorgt für die kulinarische Belohnung.

Bodegas – klein und fein

Bodega Es Verger

Apartat de Correus 56

07190 Esporles

Fon: +34. 605. 78 00 01

Der Bio-Pionier, unter Experten bereits in Deutschland bekannt, macht seit Jahren zwei Rotweine und ein Olivenöl auf Top-Niveau, rein biologisch. Sprachen: Englisch, Französisch und Spanisch.

Binigrau Vins i Vinyes

Calle Fiol 33

07143 Biniali

Fon: +34. 971. 51 20 23

Zwei Brüder, Mathías und Miguel Batle, die auszogen, um nach ihren Vorstellungen Wein zu machen, fernab vom Touristenrummel, sind mit ihrem Konzept in Windeseile zu europaweit beachteten Weinerzeugern geworden. Sprachen: Englisch und Spanisch.

Biniagual

Llogart de Biniagual

07350 Binissalem

Fon: +34. 971. 51 15 24

Gehört zur Tristan-Gruppe und ist vor Jahren angetreten, die Beste zu werden. Sie sind im mallorquinischen Wein-Olymp angekommen. Die Bodega entzieht sich dem Weintourismus; hier fahren keine Busse mit Heerscharen vor. Sprachen: Deutsch, Englisch und Spanisch.

Bodega Ribas

Cami de Muntanya 2

07330 Consell

Fon: +34. 971. 62 26 73

Die älteste Bodega der Insel wird mittlerweile in 4. Generation nun von Bruder und Schwester geführt. Zählen zur Crème de la Crème und das schon seit Jahren; vor der Lese meistens schon ausverkauft. Sprachen: Englisch und Spanisch.

OM Oliver Moragues

Cami de ses vinyes s/n

07210 Algaida

Fon: +34. 971. 12 50 28

Oliver Moragues gehört zum weitverzweigten Weinadel der Ribas-Familie. Der Sproß Calos macht seit Jahren zwei ausgezeichnete Weine. Wegen des Markennamens OM, auch gerne „Ommm-Wein" genannt. Gut für die abendliche Wein-Meditation; versuchen Sie es mal! Sprachen: Deutsch und Spanisch.

Bodega Vins Miquel Gelabert

Calle de Sales 50

07500 Manacor

Fon: +34. 971. 82 14 44

Ein positiv Verrückter, der Reben-Doktor. Belebt fast ausgestorbene Reben und erzeugt nicht nur damit seit einem Jahrzehnt ausgezeichnete Weine (jährlich 15 bis 18 unterschiedliche), im wahrsten Sinne des Wortes. Sprachen: Deutsch und Spanisch.

Bodega Xaloc

Finca "Can Puig", nähe Golfclub Pollenca

07460 Pollenca

Fon: +34. 971. 53 19 10

Aus einer Felslandschaft wurde eine traumhafte kleine Bodega auf Grund einer klaren Vision. Christina hat erst das Land besiegt, jetzt siegt sie mit ihren Weinen. Bei einer Degustation ihrer außergewöhnlichen Weine wird Sie Ihnen gerne die Historie berichten. Schönen Gruß von mir. Sprachen: Deutsch und Spanisch.

Zum Chillen – Bars & Bistros

Für ein After-Work-Bier und zum Chillen sind für mich neben den folgenden Plätzen in Palma noch die weitläufige Promenade von Portixol, Molinar bis nach Ciudad Jardin mit ihren vielen kleine Bars und Restaurants empfehlenswert.

Bar Cuba Colonial

Carre Sant Magí, 1

07013 Palma

Fon: +34. 971. 45 22 37

Mit Kult-Charakter im Jugendstil Gebäude des komplett sanierten Hostal Cuba in Santa Catalina bei Mallorquinern und Residenten gleichermaßen beliebt. Nicht nur der Mochito verdient den Gaumentest. Touristenmassen verirren sich selten in diesen Stadtteil und die Bars.

Havana Bar

Carre Sant Magí, 4

07013 Palma

Gegenüber der Bar Cuba, angesagter Treff u.a. bei Skandinaviern und der Altersgruppe 25 bis 35 Jahren.

Mulikulti, hier geht es easy-going und unkonventionell zu.

Bar Gibson

Plaça del Mercat, 18

07001 Palma

Fon: +34. 971. 71 64 04

Im klassischen Bar-Stil gehaltener Treffpunkt für Einheimische und Touristen, die auch Abseits der üblichen Pfade mal ein Bier oder einen Wein trinken möchten. Im kleinen Außenbereich läßt sich das Treiben um den Placa Mercat wunderbar beobachten.

Nassau Beach

Paseo de Portixol s/n

07006 Palma-Portixol

Fon: +34. 664. 44 90 53

Am Stadtstrand vom Palma, direkt am kleinen Hafen von Portixol gelegen ist der Beachclub seit Ende 2008 (Neueröffnung 2011) ein attraktiver Ort zum Chillen und zum Sehen-und-Gesehen-werden. Ein idealer Platz für einen Drink mit Meerblick und Sand zwischen den Füßen.

Bar im Hotel Portixol

Calle Sirena

07006 Palma-Portixol

Fon: +34. 971. 27 18 00

Gepflegtes Ambiente für den gehobeneren Anspruch. Internationales Publikum und angenehme dezente Musik sorgen für den besonderen Touch dieser Bar, die auch in einer anderen Metropole dieser Welt sein könnte.

Zum Verweilen – Orte & Plätze

Sant Elm

Besser gesagt, Cala Conills und das gleichnamige Restaurant sind a place to be. Ob Sie mit Ihrem Boot in der Bucht ankern und mit dem Dinky zum Restaurant oder mit dem Auto zur Cala und dem Restaurant fahren, ist für die traumhafte Aussicht, die Ruhe und die vielfältigen Genüsse unerheblich. Für Romantiker zählt der Sonnenuntergang von der Bucht und/ oder vom Restaurant aus sicherlich zu einem der schönsten.

Cala Llombards

Steht Ihnen der Sinn mehr nach Strand, dann ist die Cala Llombards mit seinem Chiringuito (Strandbude) und den beiden Papageien ein wunderbarer Ort. Hier können Sie selbst im Sommer entspannt ein Sonnenbad nehmen, schwimmen gehen oder sich von der Musik und einem Drink (beides gibt es im Chiringuito) einnehmen lassen.

Ciudad Jardin

An der Bucht von Palma gelegen, mit einer traumhaften Promenade (Sie könnten hier zu Fuß oder mit Inlinern bis nach Palma gehen, rollen), mit Blick auf den Hafen und die Kathedrale von Palma. Nehmen Sie Platz in einer der beiden Strandbuden und genießen Sie das Meer, die Ruhe, Ihren Wein, vielleicht auch Ihr Essen, in jedem Fall einen Ort abseits vom Massentourismus. Hier schlägt das Herz noch mallorquin. Im Restaurant Bungalow (direkt an Strand) gibt es eine vorzügliche Paella.

Platja de Illetes

Ist ein Ort, der von Einheimischen, die vor allem an den Wochenenden hier sind, wie Touristen gleichermaßen geschätzt wird. Alle wissen die Lage, das Meer, den Strand sowie das Essen und die Getränke in den unterschiedlichsten Restaurants am Strand und in den Felsen zu genießen. Ideal auch mit dem Linienbus von Palma aus zu erreichen; macht insbesondere am Wochenende und der Hauptsaison Sinn, da nur eine beschränkte Anzahl an Parkplätzen zur Verfügung steht.

Santa Catalina, Mercat und Cafes

Dieser Stadteil, in unmittelbarer Nähe der Innenstadt und des Museums Es Baluard gelegen, ist ein wahrer „Melting Pot". Hier herrscht ein buntes Treiben, hier treffen Sie Menschen unterschiedlichster Nationalitäten. Die vielen Restaurants, Cafés und Bars mit Sitzplätzen direkt an der Straße, u.a. auch gegenüber der Markthalle laden zum Verweilen, Beobachten und Genießen ein. Ein Besuch bei meinem Freund Manuel Vogel, einem der besten Sommeliers der Insel, in der Fromagerie bieten wahre Gaumenfreuden.

Sierra de Tramuntana

Tour Süd über Valldemossa, Banyalbufar nach Andratx oder umgekehrt. Diese Strecke ist perfekt, um einen traumhaften Sonnenuntergang zu erleben. Je nach Jahreszeit empfiehlt es sich, um die Mittagszeit (12:00 h) oder zum Nachmittag (17:00 h) aufzubrechen, um dieses wunderschöne Naturerlebnis genießen zu können. Die Dauer der Tour richtet sich nach den persönlichen Vorlieben und der individuellen Zeitplanung.

Die *Tour Mitte* über Valldemossa, Deia nach Soller (Port de Soller) und Fornalutx oder die *Tour Nord* via Soller, entlang der beiden Bergseen, der höchsten Erhebung Mallorcas, dem Puig Major, zur Sa Calobra Schlucht oder zum Kloster Lluc und weiter nach Pollenca, respektive Alcudia sind zu nahezu jeder Jahreszeit empfehlenswert.

Für welche Strecke Sie sich auch immer entscheiden, für beide sollte ein ganzer Tag eingeplant werden. Die erste Route bietet überwiegend Kultur-Genuß in Form wundervoller und beeindruckender Städte, die zweite zunächst atemberaubende Natur-Genüsse und zum Ausklang einzigartige Städte und Buchten. Beides hat seinen Charme und beides seine ganz typischen AHA-Erlebnisse.

Cap de ses Salines

Die südlichste Spitze Mallorcas ist ein Ort, den der gemeine Tourist meidet, weil er ihn entweder nicht kennt oder keine Infrastruktur für einen Strandtag bietet. Gerade das macht das Cap zu einem sehenswerten Flecken. Direkt angrenzend an den Leuchtturm befinden sich hunderte von menschlicher Hand errichtete Steintürme. Fühlen Sie sich eingeladen auch Ihren hier zu errichten und wünschen Sie sich beim Bauen etwas. Diesem magischen Ort wird die Kraft zugeschrieben, daß die Wünsche in Erfüllung gehen.

Neben diesen Tips sind die Terrassen (siehe Restaurant Tips) von Maria im Agapanto, Caro & Calle im Pura Vida sowie bei Jörg im Mirador de Cabrera zu jeder Tageszeit ein Highlight und einen Abstecher wert.

Ich wünsche viele genussvolle und sinnliche Stunden auf „meiner Insel".

Holger Lüttgen

GenussReisen & GenussMomente

Mit freundlicher Unterstützung durch *Die Genusswelten* erhalten Sie nachfolgend einige Anregungen für Reisen nach Mallorca sowie genussvolle Stunden auf der Insel. Detaillierte Beschreibungen finden Sie im Web, ein Besuch lohnt sich: www.die-genusswelten.com

GenussReisen

- Mandelblüte & GenussWandern
- Golf & Dine – Sport meets Kulinarik
- Wellness für Körper, Geist & Seele
- Ladies Weekend Palma de Mallorca
- Harley-Davidson GenussTour
- Romantisches Wochenende in Palma
- Hochzeitsreise

GenussMomente

- Tapas-Tour Palma
- Kochkurs & Private Cooking
- Käse-Wein-Degustation
- Bodegabesichtigung & Weinseminar
- Ballonfahrt & Hubschrauber-Flug
- Oldtimer-Tour & Rolls Royce-Fahrt

Hier noch einige geldwerte Tips für noch mehr Genuss auf der schönsten Insel der Welt.

Mit der **Golf-Vorteilkarte** sparen Sie bis zu 30% beim Greenfee Preis und sparen Zeit (die Teetime-Reservierung wird zusätzlich übernommen). 18 Golfplätze der Insel akzeptieren die Karte. Darüber hinaus haben Sie noch einen weiteren Vorteil: In ausgesuchten Restaurants, z.B. bei Marc Fosh und Jörg Klausmann, erhalten Sie 10% Rabatt.

Lebenslang gültig und übertragbar ist die **VIP Card Gold** Hiermit können Sie beim Shoppen bis zu 40% sparen und werden zu außergewöhnlichen Veranstaltungen und Events eingeladen. Die VIP Card wird in Spanien, auf Mallorca und zunehmend in Südafrika und Deutschland akzeptiert.

Die vorgestellten Karten eignen sich als ausgefallenes und individuelles Geschenk zu privaten, wie geschäft-lichen Anlässen. *Die Genusswelten* bietet Ihnen beide Karten mit einem Kostenvorteil von 20% bei Angabe des Codes „GW2012" an; Informationen und Bestellung unter **genuss-schenken@die-genusswelten.com**.